珍藏版

建筑家 安藤忠雄

[日] 安藤忠雄 著
龙国英 译

中信出版集团 | 北京

Ando

『我的人生经历中
找不到可以称为卓越的艺术资质，
只有与生俱来的
面对严酷现实，绝不放弃，
坚强活下去的韧性。』

——安藤忠雄

绝不放过任何一个机会

——写于《建筑家安藤忠雄》（中文版）出版之际

本书记载了我选择做一名建筑家以来，四十年职业生涯中所积累的一些感受和领悟。

身处日本的学历社会，没有接受过大学教育、立志自学建筑的我，这半生实在谈不上一帆风顺，竟是困难重重的。

从接手小规模城市建筑设计起家，怀抱着“绝不放过任何一个机会”的信念，努力将每个项目做到尽善尽美。逆境，也造就了我应对长期紧张工作的坚强意志力。

面对全球一体化进程中，日趋复杂多样的现代世界，我们都对不可知的未来感到某种不安。

自20世纪后半叶以来的世界体制和人们固有的价值观，如今正汹汹然发生着大变化。

存活于如此严苛的时代，最重要的就是要拥有自我创造的意愿和勇往直前的热情——也正是这与自我斗争的果敢和冲击，才能成为打破不可知的未来世界的开天动力！

这本小书并非什么鸿篇巨制或成功录，倘若在中国，哪怕只一人也好，读了这本记录我磕磕绊绊、跌倒却总要爬起来的自传，而获得更多的生存勇气，那才是鄙人之大幸。

（范一琦译）

精神的旅程

马岩松

作为一名拳击手，或者一名建筑师，在我看来都需要坚强的意志。安藤先生说他不能成为一名出色的拳击手，后来就做了建筑师。这让我很惊讶，看来一名出色的建筑师并不需要拥有像一名拳击冠军那样坚强的意志。

然而，在我亲身走访安藤在世界各地的几个作品时，多次感受到了一种撼人的力量。表面上是坚毅和冷酷，仍然像一名重量级的拳击手，但真正的力量却是藏在其后，无法形容、无法描绘的。像一首诗歌，一句哲言，它们拥有撼人的力量，不是因为它们拥有更高级的语言，而是因为它们直指人们精神的本源，带给人们不可想象的变革。

在今天这个视觉消费的时代，谈精神和永恒是稀有的，也必然是孤独和偏执的。

我曾走访哲学家斯坦纳（Rudolf Steiner）于1928年设计建造的歌德讲堂（Goetheanum）。和安藤一样，斯坦纳并不是一位建筑师，但他的建筑和哲学思想影响了众多重要的艺术家、建筑师，包括柯布西耶后来设计建造朗香教堂也受到了他的影响。柯布西耶对安藤的影响也是显而易见的，甚至安藤的爱犬的名字都是柯布西耶。他希望柯布西耶的精神可以延续，在爱犬的注视下，安藤又把柯布西耶的朗香教堂推向了新的东方的美学观念中。光之教堂、水之教堂把西方的建筑文化与东方传统的自然精神结合到了一起，赋予建筑一种富有诗意的力量。

自传，对艺术家来说，是一种最真实展现其思想状态的文体，是一部关于精神的旅程。

马岩松

美国耶鲁大学建筑学硕士
MAD建筑事务所创始人
英国皇家建筑师协会国际名誉会员

请益多师扩眼界　　靳埭强

最近，我出版了一本新书《设计心法100+1》，里面的第41节“怎样学习设计”中，提及安藤忠雄先生是怎样学习建筑设计的。他传奇的学习方法对青年一辈是很有参考价值的，安藤忠雄的设计道路是发人深省的。在书中，我是这样写的：

“日本建筑家安藤忠雄，从未考进大学修读任何设计、建筑或工程课程，他无师自通做起室内设计，之后将自己全部的积蓄做旅费，赴欧洲考察游学，寻访国际名家的建筑，细心观察学习，回国后就开展建筑事业，从实践中学习，坚持自己的信念，别树一帜，成为世界级大师。”

安藤忠雄的作品令人感动，我早已佩服，知悉他自学成功真使人惊讶。

事实上，安藤先生的学习方法是自己摸索的，他不只靠游历研究建筑实体，也曾偷偷旁听大学建筑课，还在工作之余苦读建筑系的教科书。他只要感到有兴趣都去试去学，例如夜间课程、函授课程等，不放过任何学习的机会。

在未成立自己的建筑事务所之前，与设计或建筑有关的工作他也都去试着做。他曾说：“其实我现在也还在学习。”他说得很认真，这不是幽默，而是事实。我觉得能进大学当然好，可以接受相对系统的全面的设计教育，而不主张师徒传承，这始终是一门需要多元学科知识的专业。

我在文章的后面又写了一段“设计心法”：

“学习设计无定法，请益多师扩眼界。”

我在第一节内容中已提及我的学习方法，包括拜师、上夜间课程、阅读、设计实践、教学、交流研讨、编著写作、交朋访谈……

设计真是一个终身学习的事业，这不是我个人独特的见解，早前细阅安藤先生的著作《建筑家安藤忠雄》，在他的这部自传中读到他的自学史，竟也看到他与我一样写下“还在学习”这句话。

这本书是值得向读者推荐的。

靳埭强

平面设计师
靳埭强设计奖创办人

光之教堂。大阪府茨木市

MUSEUM BUILDERS
ANDO

序章

游击队的地盘

摄影：荒木经惟

我的活动据点

我的活动据点是大阪梅田附近，占地三十坪[1]的小事务所。这里原本是我的第一个设计案——小型透天住宅“富岛邸”（1973年）。因种种缘故，这栋建筑后来在屋主转卖之际，由我接手，并在1980年改成我自己的工作室。之后这里经多次改建，在1991年第四次改建时被完全拆除重建，以地上五层、地下二层的规模安定下来。

里面从一楼到五楼是挑高的开放空间。身为老板的我，座位在挑高空间的最底层，面对着员工进出的一楼玄关之处。也就是说现今以挑高设计将纵向重叠的平面空间连成一气，使最底层具备指挥中心的机能，如此一来，以我为首的二十五名员工带着随时如临战场的紧张感，而凝聚出强烈的一体感。

从我的座位大喊一声，声音可以传到每个角落。只要爬上楼梯，每个员工在办公桌前工作的样子也一览无遗。而且我就像是坐在玄关大厅一样，员工进出事务所，必定会经过我的面前。对外联络时除了海外通信，禁止使用E-mail、传真、个人电话，就连剩下的唯一联络工具——五台公用电话，也摆在我视线可及的范围内，员工在跟谁谈什么、是不是出了问题等，我立刻能够掌握。

对管理者来说，这样全面的开放式空间，固然能便利地随时掌握

摄于大阪梅田附近的工作室（大淀事务所第二期）内
摄影：藤家光政（照片提供：*Casa Brutus*/Magazine House）

1991

1973

1981

1982

1986

大淀事务所的变迁
右上是安藤的处女作——富岛邸
后来被安藤买下，成为大淀事务所第一期
经过三次增改后，于1991年全面改建，成了现在的事务所（左图）

整体状况，但老板的样子也随时受到员工监视，有时也会觉得这里是个非常累人的空间。

但就是因为处在这种没有墙的空间，我不但能与员工时常保持着密切的联系，他们也能随时确认彼此的状况而一起工作。

要维持这种事务所的体制与运营，在现有规模的建筑物中，目前的人数应该已是极限了。

如同一开始所说的，这是一栋不定期改建并依照自己的想法筑成的建筑物，我大体上还算满意。唯一的缺点是，我的座位不仅在玄关旁，也面对着出入口，那便是冬冷夏热，又最嘈杂的地方。

“好冷”、“好热”、“吵死了”等等，如此一年四季从我体内涌出“发脾气”的能量，通常都是发泄在工作上。所以要忍受我脾气的员工想必也非常辛苦吧!

刊登于某建筑杂志的访问我的报道，
用了这样的标题：
『安藤忠雄——用恐怖感来教育』。
我本身，
因为这些字眼给人强烈的印象，
还算很中意……

“游击队”——安藤忠雄建筑研究所

大约在二十年前，我接受了某建筑杂志的采访，主题是关于领导和锻炼员工的方法。因为采访我的是建筑家前辈，我们相谈甚是轻松，我也就照实回答。第二个月，那篇访问报道刊登出来，用了这样的标题：

“安藤忠雄——用恐怖感来教育”。

我本身因为这些字眼给人强烈的印象，还算很中意，但之后那些想到事务所工作或登门造访的学生却大量减少了。

像雕刻家、画家等艺术家，究竟和建筑家有何不同呢？我认为最大的差异之一，在于建筑家为了工作必须有从事建筑活动的团队。在建筑师单枪匹马闯荡的时代，建筑设计项目仅是在一定规模内的，没有团队确实也能接项目。但是，经过十年左右，建筑项目的规模扩大，工作数量又增加，凭建筑师一己之力已不堪承受，而且社会上的观点也普遍认为，不具备某种规模的组织是无法承揽建筑项目的，建筑师只有“有自己的建筑团队”才会被认可，并受到信赖。

组织团队后，当然在管理与经济层面上都会遇到困难。比如，如何维持团队的良好状态，建筑师当然要拥有杰出的个人艺术才能，但是仅凭此并非就能带好团队。所谓的团队，不加以管理就会日益臃肿，等注意到这个状况时，组织本身早已发展过度，管理者也只好随着这原是为了自己而组成的团队起舞。个人若被团队所吞没，那建筑家也就完了。虽然这是一个重要的问题，但不知为何，在建筑界却很少被当成话题来谈论。

我是在1969年我二十八岁的时候拥有个人事务所的。我在大阪的阪急梅田车站附近，一整排木造老房子旁的大楼中租了一个小房间，这里便是我和我一直以来的生活与工作伙伴——加藤由美子两人最早的出发点。

刚开始可以说几乎没有工作、没人上门来委托工作，唯一的工作就是参加国内外的建筑设计比赛，每天都在事务所的地板上打滚，边望着天花板边读书，天马行空地幻想着不存在的设计。几年过后，我们走出了谷底的状态，工作渐渐增加，工作人员依然维持两三个人，停留在极小的规模。

找到属于自己的组织雏形，是在事务所迈入第十年，工作人员大约十人的时候。那时的设计事务所以“游击队”之姿而存在。

我们并不是一个由指挥官与服从命令的士兵组成的“军队”，而是一些怀着共同理想、信念和身负职责的个人，以自我为赌注为了生存而组成的“游击队”。这受到了切·格瓦拉强烈的影响：为了实现小国的自主与人类自由、平等的理想，始终以单一的个人为据点，选择

1969年。摄于最初设立在梅田的事务所内。员工两名，但总是会有人来帮忙

与既存社会对抗的人生。在人口过度密集的严苛环境中，个人仍顽强地栖息下去——我将“富岛邸”等初期兴建的小型透天住宅命名为“都市游击队住宅”。我认为那不单是指自己所设计的建筑，也体现了身为创作者的我们希望以游击队的方式存在的理念。

话虽如此，要让这些在日本安稳的社会环境中长大的年轻人突然摇身一变成为游击队员，毕竟是不可能的事。为了实现理想，在现实社会的组织当中如何落实具体的制度呢？

老板与员工，一对一的单纯关系

首先想到的方式是，所有的项目都先确定好全权负责的人，在执行过程中，我与负责的人一对一沟通。有五个项目就有五个负责人，十个项目就有十个负责人。如此一来，老板和所有的工地都直接联系，完全不需要通过中间管理层。

虽然这间事务所是我个人的事务所，但是，我认为对于事务所来说最重要的是，我与员工之间不能有认知上的差异。因为我认为如何

1982年。摄于完成第二次增建的事务所里。给员工们上课

正确地传达并共享信息，正是沟通问题的关键所在；我特别希望所有事情都能简单明了。我无法忍受暧昧不明的状况，也许这是我与生俱来的特质吧！

当然，即使是一对一沟通，最高负责人的我与负责项目的员工之间，对于工作还是有觉悟程度的差异。没有紧张感是无法做好工作的，就算是日后会独立开设事务所的员工，也会因为是否以认真的态度、抱持着临场感来度过在这里的时间，而得到差距甚大的经验。因此，我一直是以彻底而严厉的态度来面对员工。这才是"用恐怖感来教育"的真正含义。

我一个人参与了为数众多的项目，而且我一想到哪个项目就会与那个项目的负责人确认工作进度，若有必要则加以修正。此时，要是有谁不小心犯错，或是让我看到谁不愿意动脑深入思考、态度怠慢，或是忽略与工地或业主建立良好关系等，我都会毫不留情加以斥责。事务所刚创设的头几年，我与工作人员的年龄相差十岁左右，我正是血气方刚之时，常常动不动就拳打脚踢。但是，我没有因为设计感太差而骂过他们。

重要的是——"有没有为使用建筑物的人们着想？有没有实现当初的承诺？"我会过问的是，各项目负责人有没有"要完成这项工作的自觉"。

创业之初，前来事务所的年轻人大多在得天独厚的生活环境中接受过大学教育，在世人眼中属于知识分子。对他们来说，遇到我这种个性激烈且具有攻击性的人，就已经是一大冲击了，而且还被不相熟的老板不留情面地怒吼，相信此时他们除了恐怖和害怕，大概没有别的感受了。

无论何时何地，员工都处于准备好与我对峙并抵挡攻击的备战状态中。员工在这种紧张的状态当中，逐渐学会了该如何工作。有慧根的年轻人，两年就可以独当一面。就这样，让资历尚浅的年轻人，拥有一次又一次的工作机会；万一失败了，以“自己要承担责任”这种觉悟的态度面对挫折，他们就会不断成长。

在设计事务所这种小型组织当中，我不希望员工像大企业里的员工那样，有“大概别人会来做”、“上司会负责吧”这类依赖的想法，成为责任归属不清的糟糕上班族。自己判断状况，决定解决问题的方向，不断犯错不断前进，树立勇于承担后果的觉悟——我希望聚集的是如此强而有力的个体。从20世纪60年代末至今的四十余年间，我一直怀着这个愿望经营事务所。因为我们用别人的资金来建造对此人而言可能是一生唯一的一栋建筑，所以需要我们有相当的觉悟与责任感。

我们并不是
一个由指挥官与服从命令的士兵
组成的『军队』，
而是一些怀着共同理想、
信念和身负职责的个人，
以自我为赌注为了生存
而组成的『游击队』。

1982年。于事务所第一期

新人研修的“暑期研习营”

工作人员虽然慢慢地增加，但在设计事务所成立第二十年时，以二十五名左右的人数稳定下来，直至现在。超过这个人数就无法达到良好的沟通。这大概是我能善尽全责的最多人数。

工作人员的平均年龄在三十岁左右。除了从创业之初就一直共事的几名资深员工，大约以五到十年的循环进行人力汰换。刚毕业就进事务所的员工参与五至六件案子，熟悉了设计事务所的工作流程后辞职，然后再度有新人加入。

对于想进事务所而来访的学生，为了让彼此有互相了解的时间，会先让他们来打工。如果有模型制作或展览会等，相关的准备工作就由他们来做。

此时，对持续来打工的学生，我会给他们机会参与一项建筑设计从萌芽到完成阶段的整个过程。

我严格告诫员工对待前来事务所的学生要遵守两点。第一，在他们的名字后面一定要加上“先生或小姐”的称呼，不可因为对方是晚辈就抱着傲慢无礼的态度。第二，请学生们工作时，务必牢记他们是为了学习而来到事务所的。

学生们为了拓展自己未来的可能性，拥有只为自己所需而学的权利。当他们表示想学什么的时候，先步入社会的我们有义务去满足他们的学习意愿，并提供机会与场所。我认为，必须将身负未来的学生，当成社会的贵重资产来守护与培养。

对于住在其他县市而希望进事务所的学生，我则是让他们在学校休长假时，住在这里打工。打工期间，他们的住处是事务所附近的由长屋改建的东屋。因为没有冷暖气机，我们开玩笑地称它为“章鱼房”（TACO）。

此外，因为他们是特地来到邻近京都与奈良的大阪来学习建筑的，所以除了打工之外，我们规划了一个“暑期研习营”，让他们实地去学习古都的知名建筑，然后挑选一个自己想研究的对象。他们住在大阪期间，周末或假日一定要在那边度过。在他们打工结束时，要将学习成果整理成报告。

从茶室到古刹、书院建筑或是庭园，学生们可以自由选择要去什么地方。其中也有喜爱大师风格而选了高难度建筑作为研究内容的学生，但不管在哪里，只要放松地沉浸在那里一整天，重复画两三张素描，就能掌握某些东西。

最后我会安排他们在全体工作人员面前做报告，每份报告的内容都相当精彩。对被手边工作追着跑的工作人员来说，接触学生的新鲜想法似乎也是一种良性刺激。

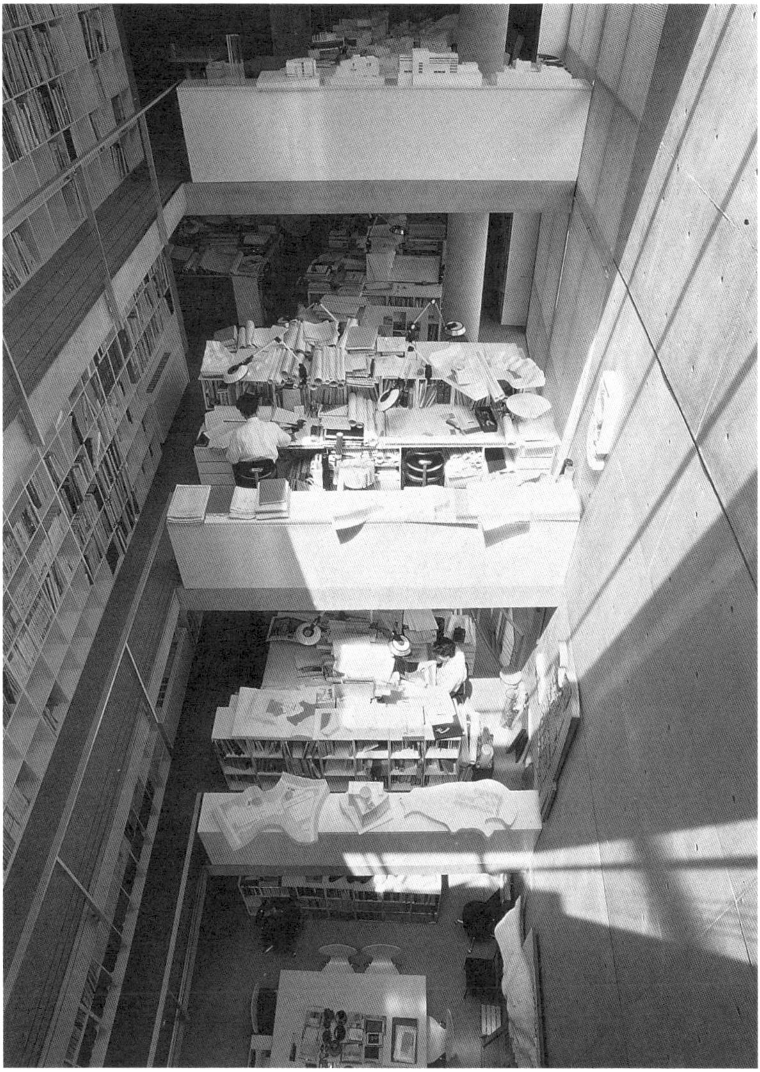

事务所第二期。内部是挑高五层楼的开放空间

结束打工与暑期研习营，大致了解事务所的日常运作后，还有意愿加入事务所的学生，我会对他们说：“毕业后一起奋斗吧！”

有意愿加入者完全不用带作品集，或是进行个别面试等程序。我也从未因为看了履历表而决定聘用任何一名员工。让学生亲自感受事务所的气氛，知道这里有某种程度的严苛，是否能胜任，他们自己能够判断。而他们在日常生活的一举一动，我们看在眼里，也自然了解他们和事务所的工作人员能否相处融洽。

仔细一想，让新人来研习、参加暑期研习营，并为一个将参与团队的新人做准备工作，其实相当耗费我的精神。

“游击队”的海外进击

自事务所创立至今，“游击队”的姿态毫无改变，但是工作的规模与内容，却在不断地变得庞大和复杂，与当初不可同日而语。尤其在国外的工作，对于以大阪为据点的我们来说，更是巨大的负担。

让二十五名员工揽下所有的工作当然是天方夜谭。例如，国外的设计就必须仰赖当地设计事务所的协助，组成国际性的团队，针对每项设计，拟定不同的执行策略等。

正因为身处全球化、信息技术发达的现今，一方面，像我们这种小小的事务所，也能够运用互联网，处理大规模的项目或是国外的建筑设计。

另一方面，在文化背景相异、价值观也不同的国外，要做好超越自我极限的工作，处理千变万化的状况，并让工作进行顺畅，得具备相当大的能量。

其中最重要的是，身为专业工作者的自觉与个人的能力。要是某个设计师缺乏正确判断状况的能力、迅速的行动力，以及应对预料外状况的思考能力，只消一瞬间，团队的向心力就会被削弱，信赖关系也会跟着丧失，工作也会功亏一篑。所以，不难理解的是，参与工作

2004年。与二十五名员工摄于事务所第二期
摄影：荒木经惟

的每一个人，若不是一个独立自主的“游击队员”，工作团队其实是无法运作的。

尤其是年轻的工作人员，我希望他们能参与国外的设计，并在实际工作中亲身体会国际不同的价值观。此外，我也会不厌其烦地告诉他们，每时每刻都要掌握计划执行的情况。

因为我认为在瞬息万变的现代社会中，累积与不同国家、不同文化背景且思考模式相异的人们打交道的经验，正是他们在自立门户之前，屈身在我事务所的最大意义。

注释

1 坪，土地或房屋面积单位，1 坪约为 3.3 平方米。——编者注

挑高空间的最底层，是安藤的办公桌
摄影：荒木经惟

SVERRE FEHN

第1章 立志成为建筑家之前

摄影：荒木经惟

外婆的教诲

我于1941年（昭和十六年）出生在兵库县鸣尾滨的贸易商之家，是同卵双生的双胞胎之一，但身为哥哥的我出生后就过继到外公家。因为母亲是独生女，曾在出嫁时立下约定：第一个孩子要送回娘家继承家业。

外公家在筑港，和军方做买卖，据说当年相当意气风发。但是历经一次又一次的空袭，日本战败后外公家已家财尽失。战争结束时我只有四岁，完全没有对当时的记忆，现在还想得起来的是，从兵库县偏僻的避难所搬到大阪市旭区以后的事。新家是正面宽二间[1]、深四间的两层狭长木造建筑，是典型的老街长屋。冬天冷到能看见寒风在吹，夏天却又闷热不通风。我就在这个冬天夏天都令人一肚子火的家中成长。

我上小学之后，外公就与世长辞，从此我与外婆两人相依为命。外婆是具有京都大家风范、能够理性思考与独立自主的明治时代女性。经营小生意的外婆一直都很忙碌，没有多余的精力来照顾小孩。在我的记忆中，外婆从没督促我“快去读书”，或过问“成绩怎么样”，反倒是我想在家做功课时，还会挨她的骂：“要念书在学校念啊！”因此，小学、初中的九年岁月我真的把课业全抛诸脑后，拼命玩耍。我的学习名次当然也都是从后面数起来比较快。

大阪下町（老街）的老家
经由安藤亲手改建后的样子

两岁的时候，与双胞胎弟弟北山孝雄

当时每户人家都有很多小孩，随便呼朋引伴立刻就能招来十个、十五个玩伴。当时大家最热衷的就是棒球。在比赛的前一天晚上，把保养好的棒球手套和球棒放在枕头旁，挂上晴天娃娃。早上八点才开始比赛，却在五点就睁开双眼，还因为担心天气而溜到外面，看过天色之后才安心。

不打棒球的日子，我们大家就尽情玩剑、猜拳、钓鱼。但是，这么多的小孩玩在一起，当然动不动就会意见不合，也有脸红脖子粗地叫嚷的时候，甚至还会闹到互不相让而吵架的地步。我在学校的学习成绩不好，吵架却很在行。只要在路上听到大呼小叫，多半都是我和别人在吵架，左邻右舍就开始东一句、西一句的，“安藤家的孩子啊”，“又在打架了”，没办法，外婆只好提着水桶赶来，桶里的水当然是泼到我身上，来阻止我吵下去。因为我没耐性又容易跟别人吵架，邻居都叫我“吵架大王安藤”。

对学校教育采取放牛吃草态度的外婆，“家教”却是非常严格。

“守信、守时、不说谎、不找借口。”

我的外婆有着大阪商人的性格，喜爱自由风气，也要求小孩能自我思考和判断，对自己的行为负责，并能独立自主。她彻底坚守这个原则，就连健康是唯一优点的我要去动扁桃腺手术时，她也对小孩子的惶恐不安视若无睹，只说“自己走路去吧”便很干脆地把我推开。当时还是个孩子的我，在去医院的路上，心情格外悲壮，内心里也一直在给自己打气“我要自己一个人渡过这个危机”，当然现在回想起这些来会觉得有些好笑了。

与外婆一起生活的日子，一直持续到她七十六岁过世为止。或许这并不是个正常的家庭环境，但我从未有过任何不满。她教给我的“生存之道”，至今仍是我待人处世的基础。

工厂是游戏场

对于成长于老街的我来说，真正的学校其实是这市井中的生活。当时大阪老街的人们虽然穷，但大家都在互相帮忙下努力过日子，老街洋溢着生命力。离家不远的地方有铁器工厂、玻璃工厂、围棋石工厂等，附近的人大多做手工艺活。因为邻居们都是熟面孔，孩子们可以随意进出任一户人家，而老家对面的木工厂更是我喜爱去的地方。放学回家后，书包一扔我就往那边跑，几乎每天都泡在那里。然后，也有模有样地学人家画蓝图，把木块削出各种形状。像桥啦、船啦这些简单的小木工造型，自己动手一个接一个地把它们做出来。在充满木材香气的环境中动手做东西令人喜不自胜。

初中一年级的时候，我家加盖了二楼。当时我也在木工旁跟前跟后，每次能帮着做一些简单的活我就欢天喜地。开始施工后，眼前的风景不断地变化。屋顶开了洞，明亮的阳光就照进了阴暗潮湿的长屋。一抬头，就是蔚蓝的天空。跟之前的家比起来，仿佛是两个不同的世界，这在我幼小的心中留下深刻的感动。

不只在木工厂，我也会拿自己做的木模到铸造厂，灌入金属；或到玻璃工厂吹玻璃球。少年时代这种沉醉于制作东西的体验，使我获益良多。感受不同材料的材质，惊奇于制作东西的方法，体验不受外形限制，从物体的最终形态来思考的自由。

十三岁。初中一年级的照片。下排右边第三个是安藤

木工厂的一位师傅数十年如一日地削着木头，他曾对我说："木头也有个性，所以一定要让它们往好的方向伸展。"其实，制作东西，需要付出耐心和毅力，也在赋予物体以生命，可以说是一个崇高的工作，工作时更有触摸着实物而感受到活着的充实感。而建筑家可以摆脱实物形体的限制，能够自由地想象，但也失去了接触物体的机会。现在回想起来，成为工匠与成为建筑家，对自己而言究竟何者才是幸福呢？我无从得知其中的答案。

制作东西，
需要付出耐心和毅力，
也在赋予物体以生命，
可以说是一个崇高的工作，
工作时更有触摸着实物
而感受到活着的充实感。

从职业拳击手走向建筑之路

进入高中，升上二年级时，十七岁的我就拿到了职业拳击手的执照。先开始打拳击的是我的双胞胎弟弟——一直都是弟弟先开始尝试新事物。我们两人分属不同的拳击馆。当初是抱着好玩的心态开始打拳击，没想到练习不到一个月就考取了专业执照，这表示我有这方面的天分吧！

以职业拳击手身份站在拳击场上的第四场比赛，我第一次打到浑然忘我，比赛结束，拿到了四千日元的奖金。当时大学毕业生的起薪不过一万日元左右，所以这算是一大笔钱。总之，靠自己的身体工作而获得酬劳，让我非常高兴。

拳击是一种毫不仰赖他人的格斗竞技，比赛前几个月，会为了那一战而拼命练习，有时还必须绝食来锻炼肉体与精神。如此赌上性命，独自承受孤独与光荣。

在“出道”的第四战之后，我又经历了几场比赛，有一天有个人到我所属的拳击馆来问，是否有人愿意去泰国曼谷参加拳击邀请赛，没有人表示有意愿，因为那要乘船远渡重洋，还得渡过世界上最波涛汹涌的东海。我心想：“能出国不是很好吗？”于是大胆地报名。虽然说是邀请赛，却是连助手和经纪人都没有的孤身之旅。当时泰国还有

十七岁的时候。第一次以拳击手身份参赛

仇日情绪，所以比赛时，想要找个助手也要额外付钱，于是干脆就不找了。当一个回合结束，回到自己的角落时，只好自己拉椅子拿水喝。忍受孤寂，走向擂台，独自决一死战的经验，我认为在许多方面都让我建立了自信。

我的拳击战绩马马虎虎。顺利打到第六场比赛时，当时日本拳击界的明星原田先生[2]竟然要到我所属的拳击场来练习。他是我们那个年代的明星拳击手，当时我对能见到他，只感到幸运和单纯的喜悦而已。但是，在跟拳击场里的伙伴们一起领略到他那惊人战斗力之后，我的兴奋之情却在瞬间消失殆尽。速度、力量、心肺功能、恢复力，不论是哪一项我都望尘莫及。这让我看清了不管我再怎么努力也无法达到那般境界的残酷现实，心中的“或许能靠拳击维生”的淡淡期待被彻底击碎，当下我就决定放弃拳击。那是开始打拳的第二年，也正好是高中生活迈入尾声的时候。

尽管打拳的时光不长，但因为年轻气盛，也全心全意地投入了，所以当希望失去时我的失落感相当强烈。然而，十八岁就要从高中毕业了，我不得不认真考虑未来的出路。于是，我不断地向内心深处追问：自己想做什么？又能做什么？就在此时，我发现了自己自幼以来对制作东西的兴趣。

当然，我当时还没有明确意识到要走向建筑家这条路。从高中开始，我很喜欢京都与奈良附近的书院、数寄屋[3]、茶室等日本的传统老建筑，时常会去走走看看。高二那年春天，第一次到东京游览看到

由弗兰克·劳埃德·赖特所设计的帝国大饭店，1967年拆除
摄影：新建筑写真部

由弗兰克·劳埃德·赖特[4]所设计、尚未被拆除的帝国大饭店，我印象深刻。虽然头脑中还没有明确的轮廓，但或许我在制作东西的时候，潜意识里想的是建筑吧！

无视身边大多决定好要到铁器工厂或汽车工厂上班的同学，我把就职抛在一旁，选择了自由。我也试了一段短期的上班族生活，但天生爱好自由又脾气暴躁的我，自然待不下去，没多久就辞职了。然而，选择自由的同时，沉重的责任感也随之而来。一想到外婆只凭一双女人的手独自将我养育成人，我便下决心不再给她添加任何麻烦，一定要自力更生。

一位老友也许是担心我不去找工作，就帮我找了一份室内设计工作，让我为一间大约十五坪的酒吧做室内设计。在读工业学校的实习课时，画设计图是家常便饭，但当成工作来做，却是头一遭。我埋首于建筑与室内设计的书堆之中，拼命地画蓝图。在工地不停地向工匠们低头恳求，拼命地对业主说拜托，总算用自己画的那张设计图顺利完工了。现在回想起来，真是令人捏把冷汗。

工作结束后，拿到第一笔设计费时，确实感受到自己跨出了崭新的一步。

注释

1 间，是日本的建筑单位，一间约两米。 ——译者注（本书注释中，除特殊说明外均为译者注）
2 原田先生，即世界拳王原田正彦。
3 数寄屋，专指日式庭园中一间独立的茶室。
4 弗兰克 · 劳埃德 · 赖特（Frank Lloyd Wright，1867~1959），美国建筑师，20世纪最有影响力的建筑师之一。他不仅设计了一系列具有强烈个人色彩的高水准作品，而且影响了整个美国建筑行业的发展。

第 2 章

以旅行、自学的方式学习

摄影：荒木经惟

以自学的方式学建筑

“1941年生于大阪，以自学的方式学建筑，1969年设立安藤忠雄建筑研究所……”

我的履历表开门见山就是这句话。很多人似乎对“以自学的方式学建筑”这一点非常感兴趣，杂志的访问也多次问到这个问题。

“真的是自学吗？”“所谓自学建筑，到底是怎样学的呢？”

对于上述问题，我都这样回答：

“因为没上大学，又没有直接可以拜师的对象，所以写‘自学’。”“应该学什么、怎么学，其实我现在也还在学。”

大多数的人似乎都把这样的回答当成幽默，但这的确是事实。

高中毕业后，我在自己能力范围内，以打工的方式开始工作。从做家具、室内设计到建筑设计，当工作视野逐渐扩大时，也不是没考虑过进大学建筑系念书这条理所当然的道路。但家中的生活并不宽裕，加上我从小就不爱上学，学历程度不够，不得不放弃念大学。既然如此，就只能边工作，边靠一己之力去学会自己想知道的一切——

自学是在不得已的情况下的选择。

谈到自学，也有人认为这种学习既自由又轻松自在，这可误解大了。自学过程中除了必须认真学习，当心中有疑问时，身边既没有水平相近、可互相讨论的同学，也没有能够指点迷津的学长和老师。不论怎么努力，都无从得知自己究竟成长了多少，或自己的水平怎样。

最痛苦的莫过于不得不一个人从头摸索该如何学、学什么。一开始，我先潜入无法就读的大学，偷偷旁听建筑系的课程。在那一两个小时的课程中，是找不到自己想知道的答案的。于是我到处收集、购买了大学建筑系用的教科书，并计划在一年内读完。在打工时，我也趁午休时间边啃着面包边读书；晚上也舍不得睡觉，继续翻着书看，就这样硬是达成了目标。坦白说，这些书的内容我有一半看不懂，也搞不懂有些内容是否真的有必要放在书里，但还是从中隐约掌握到大学建筑教育属于什么样的知识体系，我认为从中并非一无所获。

只要碰到让我感兴趣的事物，我都会想挑战看看，例如去听建筑和室内设计专业的函授课程，还有上设计学专业的夜校。至于打工，因为自己天生缺乏耐性、易怒，所以不管什么工作都做不久，也没有学到什么技艺。而我的工作单位不限于设计事务所，我接二连三从事了许多与建筑相关的琐碎繁杂的工作。

遇见勒·柯布西耶[1]的作品集，就是在每天自学摸索的20岁时。

在旧书店购买的勒·柯布西耶的作品集

在大阪道顿堀的“天牛”旧书店里，我发现了一本书，作者名字是屡次出现在现代建筑书籍中的勒·柯布西耶。我不经意地拿起来随便翻阅，瞬间直觉告诉我：“就是它了！”

照片、草图、设计图、法文的内容与书的版式相互呼应，有美感地排列着……

但即使是二手书，对当时的我来说仍是一笔不小的开销，无法当场买下来。我怕这本书引起别人的注意被买走，于是我偷偷把它藏在一个不明显的角落后才离开。此后，每次经过那家旧书店附近，都会因担心它是不是被卖掉了而前去查看，然后再把那本书塞到书堆底下。结果，将近一个月后我才把它买下来。

终于到手的书，光是翻翻看看已经无法满足我，我开始临摹图面与设计图。一次又一次地描绘着柯布西耶的建筑线条，几乎是到了记下所有图面的程度。

虽然看不懂解说作品的法文和英文，但我对柯布西耶这个人产生了浓厚的兴趣，于是找来了他所写的《以建筑为目标》等书的日文版，一本接着一本地读下去。然后，我知道了柯布西耶这位现代建筑界的巨匠，实际上也是自学出身的建筑家，通过文字叙述，我了解到他与老旧的体制相抗争，从而开创出一条新的道路。他的存在，对我而言已经超越了单纯的崇拜。

环游日本，加入TeamUR

在不知不觉间，我已经处于宁可节衣缩食，也要去搜购外文书与外文杂志的状态了。即使看不懂外文，只要翻翻书页，也能感受到新时代的风潮。当我逐渐体会到建筑世界的广阔时，自然而然地开始想亲自去体验那些空间。

首先是二十岁（1961年）那年，若上大学的话差不多是要毕业的时候，我进行了一趟属于自己的毕业旅行——环游日本。从大阪搭船到四国，绕到九州岛、广岛，然后北上，前往东北部和北海道。主要目的就是遍览日本近代建筑巨擘丹下健三的建筑。我得到了超乎预期的感动；同时，散见各地的古老建筑，尤其是白川乡、飞驒高山当地传统民家的住宅，深深吸引着我。人们的生活在空间中具体成形，又与自然融为一体，形成了难以撼动的风景。因日常生活所需而形成的丰富造型，与新时代建筑截然不同，让我感受到了静谧的感动。

这趟“毕业旅行”结束后，我在神户的设计事务所帮忙做神户凑川的再开发规划，因为工作上的关系，我认识了当时在大阪市立大学教授都市规划的水谷颖介老师。不知何故得到老师的厚爱，得以加入老师负责的都市研究团队TeamUR，进出大阪市立大学的研究室，从此开始协助都市开发的总体设计案的提案等工作。

环游日本一周旅行时造访、留宿的乡镇（爱媛县爱南町）

对于平常从事家具设计和室内设计的我来说，北欧的新市镇等规模实在过于庞大，让我起初摸不着头绪。但我一边参考世界各地的都市开发规划，一边进行实地的田野调查，这个过程中，我也慢慢地发现了日本都市空间规划的问题。此外，这个过程也给了我实际了解和学习法规、社会制度、经济和建筑活动之间关联性的机会。

·

团队当中也有好相处的伙伴，待在那儿也很愉快，所以我待得比预期还要久。但几年之后，我还是从TeamUR抽身了，这是因为在了解了“都市”的整体观点之后，我更希望自己能够参与其中有关“建筑”的那一部分。

第一次环游世界

1964年，日本开放国外自由观光之后，没多久，我决定去欧洲。那时既没有旅游指南，亲友中也没有人有国外观光经验。出发当天我说："也许就这样一去不回了。"然后与家人、好友和街坊邻居用水杯干杯。当年出国的心情，多半就是那种有去无回的茫然不安吧！

而且当时还是一美元换三百六十日元的时代。我二十四岁那年，正好是我的室内设计工作开始步入正轨，生活上也有了着落的时候。长期的欧洲旅游，意味着要中断这些工作，也意味着会耗尽我所有的积蓄。

但跟这些不安比起来，我对未知的欧洲的好奇心更强烈。对我们这一代人来说，建筑的历史就是从希腊、罗马的古典建筑，到近代的西欧建筑的历史。从照片中看到的西欧建筑蕴含着强劲的力量，这是讲究细节、强调与自然融合的日本建筑所没有的。我想到那个地方，亲眼确认那股强劲的力量到底是什么。

我从横滨港搭船到纳霍德卡[2]，转乘火车经西伯利亚铁路前往莫斯科。从前，前川国男[3]以巴黎的柯布西耶为目标而踏上旅途时，走的也是同一条路线。从莫斯科到芬兰、法国、瑞士、意大利、希腊，再到西班牙，最后从南法的马赛搭MM线客货两用船绕经非洲

即使是相同的知识，
通过阅读抽象的词汇而获得，
与在实际中亲身体验来理解，
所获得的深度是完全不同的。
初次的国外之旅，
使我生平第一次看到了
地平线与海平面。
有了领悟地球风貌而得到的感动。

的开普敦，经过马达加斯加、印度、菲律宾之后回国。这是一趟旅费六十万日元、为期七个月的旅程。

我第一脚踏上的欧洲土地属于芬兰。因为靠近北极，这里的气候非常严酷，是自然资源非常贫瘠的不毛之地。我5月抵达，正好是极昼期间，在没有日落的情况下，充分观赏了阿尔瓦·阿尔托[4]、海基·西伦[5]等北欧近代建筑家的作品。在严苛的自然环境中，彻底排除了所有干扰，同时将美丽的光线与生活上的妥帖等要素，融入简洁的建筑中。我被这可以洗涤心灵的空间深深地打动。这再次提醒了我"每个地区的生活空间都有其独特的个性"这个理所当然的事实。

现在回想起来，很多感动的回忆都苏醒了过来。建于古罗马时代的万神殿[6]，是充满戏剧性的光之空间；希腊雅典卫城之丘的帕特农神庙，即使已成为废墟，仍被视为西欧建筑的原点而屹立不倒。多数建于20世纪初期的建筑名作散见于各地，巴塞罗那的安东尼奥·高迪[7]到近代仍持续不断兴建奇形怪状的建筑。在意大利则是从罗马到佛罗伦萨，依照创作年代的顺序，欣赏米开朗基罗所有的建筑、画作与雕塑。眼中所见尽是新鲜事物，我在旅途期间不停地走着，就为了寻找更有趣的所在。

然后，我见到了连做梦都梦见过的勒·柯布西耶的建筑。从波瓦西之丘的萨伏伊别墅系列住宅作品，到朗香教堂[8]、拉图雷特修道院[9]和马赛的集合住宅，我走访了所有找得到的柯布西耶的作品。我在巴黎花了不少时间寻找柯布西耶的工作室，但与柯布西耶本人见面的这

1965年。从横滨港第一次坐船到欧洲

个愿望却终究没能实现。1965年8月27日，在我抵达巴黎前的几个星期，柯布西耶就离开了这个世界。

这次旅行虽然是以建筑游览为目的，但我唯一的依靠是随身带着的几本近代建筑教科书而已，我带着这些书是想在途中有空读读。若事先能系统地学习历史，这趟旅程应该会更充实。不过，在心灵最饥渴的时期，能够亲临当地，亲眼看到建筑与风土所蕴含的人文“世界”，应该是很好的收获吧！

即使是相同的知识，通过阅读抽象的词汇而获得，与在实际中亲身体验来理解，所获得的深度是完全不同的。初次的国外之旅，使我生平第一次看到了地平线与海平面。有了领悟地球风貌而得到的感动。从哈巴罗夫斯克（Khabarovsk，又称伯力）到莫斯科这行驶在西伯利亚铁路上的一百五十个小时，沿途尽是绵延不断、一成不变的平原风景。还有航行在印度洋上时，体验到四面八方的空间全是一片汪洋。若是像现在搭乘飞机移动于两地间，已经无法亲身体验到地球风貌带来的感动了吧！

旅程最后行经印度，在散发着异样气味的环境里和强烈的太阳光照射下，我看到人类的生死交错，受到的冲击足以使我改变整个人生观。在恒河中沐浴的人们身旁，火化的遗骸就这样顺水流过。这让我

1965年。希腊雅典卫城之废墟

领悟到，自己的存在是多么渺小。

究竟活在这世间的意义是什么呢？

当我把旅欧的决心告诉外婆的时候，她说："钱不是拿来存的。钱善用在自己身上时才有价值。"这句有力的话语，让我带着无牵挂的心情出国。此后，在成立事务所前的四年里，我只要存够了钱就会去旅行。正如外婆所言，二十几岁时旅游的记忆，成了我此后的人生中无可取代的财产。

上：柯布西耶的萨伏伊别墅
下：朗香教堂。摄影：藤冢光政

20世纪60年代，二十几岁的青春

不仅限于建筑，在社会史的领域中，20世纪60年代被视为特别的十年而常被提及。实际上，我想再也没有像那样的激烈地撼动社会的时代了。

20世纪60年代初期是大众化社会的开始。在20世纪50年代后半期，日本的资本主义已经完全复活，由保守党政府所领导的政界也开始安定下来。职业运动比赛、周刊、休闲生活等词汇已成为日常生活的用语，人们在物质生活上得到了前所未有的充实感。但与此同时，表面的繁荣让人们忘了去发掘潜藏的问题，也削弱了对社会的抵抗能力。

反体制能量在这片欣欣向荣中被压抑着，在1960年安保改革时一下子爆发出来。当时我十九岁，我也只是在大阪的老街夹缝中求生存、对政治毫不关心的年轻人之一，当我们看到电视播出的满眼尽是林立的红旗与人海包围国会的画面，还是受到了很大的冲击。

否定既成事物、反抗当下——在以安保改革斗争“揭幕”的60年代，渐渐朝经济大国前进的日本社会，确实出现过与主流抗衡、追求“活出自己的人生”的时代精神。

正值血气方刚的二十岁年纪、心灵始终渴望刺激的我，从60年代中期开始经常前往东京，兴致盎然地欣赏当时被称为前卫派年轻人的创作。例如，高松次郎、筱原有司男和寺山修司[10]的天井栈敷[11]剧团，唐十郎[12]的红帐篷剧团等的演出，或是横尾忠则、田中一光等当时的新锐平面造型设计者，摄影师筱山纪信等的作品。他们经常流连于1955年增泽洵在新宿开的风月堂、赤阪的无限，还有新宿二丁目的沙龙酒吧CACADOR和乃木坂的Donald Judo等。我也是在这个时期认识了负责装潢CACADOR和Donald Judo的仓俣史朗。

我所处的关西，当地也有吉原治良所率领的具体美术协会。我和他们是在梅田的爵士咖啡厅"CHECK"结识的。就像米歇尔·塔皮耶[13]所赞叹的"无可挑剔的创作就在这里"一样，白发一雄冲入泥沼的动作、村上三郎飞奔冲破十几张纸的行动创作等，他们这种试图将美术还原成行动，使表演和日常生活的举止成为难以区别的表现方式，极其前卫。我一方面讶异于"这种东西也算艺术啊"，另一方面也因他们激烈的言谈大受启蒙。

"不要模仿别人！创造新事物！跳脱出一切事物的框框，自由万岁！"

那个时代与社会充满着撼动人心的力量。具有对一切动摇不安、特立独行等的特异事物的包容力。那种60年代的精神转瞬间在世界各地引起了共鸣，并汇聚成一股洪流。就在1968年，发生了全世界连锁的革命运动。

否定既成事物、
反抗现在——
在以安保改革斗争揭幕的
60年代，
渐渐朝经济大国前进的
日本社会，
确实出现过与主流抗衡、
追求『活出自己的人生』
的时代精神。

1969年。二十八岁时。在梅田公寓的一个房间所开设的事务所

1968年5月，日本发生了以东京大学的安田讲堂封锁事件为开端的一连串学生运动。而在此前夕，我开始了第二次欧洲旅行。法国五月革命高潮时，我在巴黎，我很偶然也在现场。我和愤恨不平的年轻人一起，挖起埋在路上的石头，然后朝着某个地方猛砸。虽然仅是短暂的瞬间，却已令城市所有机能陷于瘫痪。以强权解体为诉求的年轻人，他们惊人的能量确实撼动了那个时代。我们这一代的社会意识与生存方式，不就是在此时此刻被决定了吗？

激动的60年代在高度地颂扬着科学技术——科学技术使得日本“二战”后经济发展是那个时代的普遍观点。随着大阪万国博览会的成功举办，在举国欢腾的气氛之中，60年代也随之结束了，激昂而又无法言喻的情感，也随之一起画下句点。1970年11月，三岛由纪夫在自卫队里切腹自尽，似乎正象征了“创造年代”的终结。

意料之外的石油危机给社会的乐观气氛蒙上阴影后，一直隐藏在经济高速发展背后的矛盾骤然爆发出来——严重的环境问题、因人口过度密集而产生的各种都市问题，以及为解决上述问题所导致的近郊过度开发和自然环境破坏等。但是，此时已听不到任何反抗之声，经济至上主义变本加厉，一切都被商业主义的浪潮所吞没。

60年代进入尾声之际，我在大阪的梅田开了间小小的事务所。然后以建筑设计这个职业来对抗社会不合理之处，我个人的战斗生涯就此展开……

注释

1 勒·柯布西耶（Le Corbusier，1887~1965），20世纪最重要的建筑师之一，被称为“现代建筑的旗手”。
2 纳霍德卡（Nakhodka），位于俄罗斯滨海边疆区、面向日本海的不冻港。
3 前川国男（1905~1986），日本建筑家，曾师从柯布西耶，是第二次世界大战后引领日本建筑界的大师。
4 阿尔瓦·阿尔托（Alvar Aalto，1898~1976），芬兰著名建筑师。
5 海基·西伦（Heikki Siren），芬兰著名建筑师。
6 万神殿（Pantheon），又译万神庙、潘提翁神殿，位于今意大利罗马，古罗马时期的宗教建筑，后改建成一座教堂，是古罗马时期重要的建筑成就之一。
7 安东尼奥·高迪（Antonio Gaudi，1852~1926），西班牙“加泰隆尼亚现代主义”（Catalan Modernisme）建筑家，为新艺术运动的代表性人物之一。
8 朗香教堂，位于法国朗香地区，柯布西耶设计，于1954年完工。柯布西耶最杰出的作品之一，也是20世纪一个重要的教堂建筑典范。
9 拉图雷特修道院（Couvent de la Tourette），位于里昂西北，以内在充满精神性所赋予的活力著称。
10 寺山修司（1935~1983），日本的剧作家、和歌创作者、诗人、作家、电影导演、赛马评论家，他在各种领域中皆有活跃的表现。
11 天井栈敷，日本曾经存在过的地下剧团。
12 唐十郎，日本著名剧作家，小剧场运动的代表人之一。
13 米歇尔·塔皮耶（Michel Tapie，1909~1987），法国著名艺术评论家。

第 3 章

建筑的原点——住宅

摄影：荒木经惟

住吉长屋——饱受批评的处女作

在大阪市住吉区老街连续的三间长屋中，我将正中间那间改建成宽二间、深八间的箱形混凝土房子——“住吉长屋”，是我身为建筑家实质上的出道作品。以建筑角度来看，它规模稍嫌小，但是作为住宅，因为涉及几个问题，使这房子受到世人的关注。

第一个问题是房屋四面都被墙包围，除了入口就没有别的开口；第二个问题是房屋内外、墙壁和天花板，都是清水混凝土的表面[1]；而争议最大的第三个问题，则是把已经很狭小的混凝土箱形房子再切成三等分，中间的不加天花板，当作中庭使用。简而言之，房子的组成，一楼是客厅与厨房等会用到水的空间，二楼是夫妻的卧室与孩子的房间，各个房间的生活动线都被中庭切断。

“住吉长屋”最早出现在媒体上，是在1976年10月《朝日新闻·文化版》，由伊藤郑尔先生执笔的专栏。我和伊藤先生都参加了在高山市举办的建筑研讨会，其间我提到住吉长屋，引起了伊藤先生的兴趣。于是，在研讨会结束后，他还特地到现场看过才回家。或许他认为连小小的住宅都绞尽脑汁去设计的年轻人很有意思吧！于是在批评东京市区无节制地兴建高楼大厦的文章中，他善意地写了“在大阪有一位盖了这种房子的建筑家”。

住吉长屋。在传统木造住宅三间长屋的正中间，打造出一栋箱形的水泥屋

将住宅的正中央作为中庭的住吉长屋
摄影：新建筑写真部

但之后发表在建筑专门杂志的文章讨论住吉长屋时，有人像伊藤先生一样给予肯定，却也有不少严厉批评的声音。

例如："没有窗户的外观，对街道而言，显得过度封闭……里外两面都是清水混凝土，适合作为住宅吗？……没有用隔热材料如何抵御寒冬？……下雨时要从卧室去上厕所，不就得撑伞走下没有扶手的楼梯？……"

的确，从的功能主义角度来看，这间住宅确实十分不便。1979年，我以住吉长屋获得日本建筑学会奖的时候，也附带说明："这间房子绝对无法从一般的角度来诠释……"

让实际住在那里的人，面对种种生活上的不便，被批评是"建筑家的自我偏执"，也是无可奈何的事情。但若批评我把房子当成艺术品任意挥洒创意，完全不考虑功能，则不够中肯。这个家绝对不是漠视住户生活的产物；相反，这是我以自己的方式，对生活与住宅的意义作彻底的思考和深入探索后得到的结论。

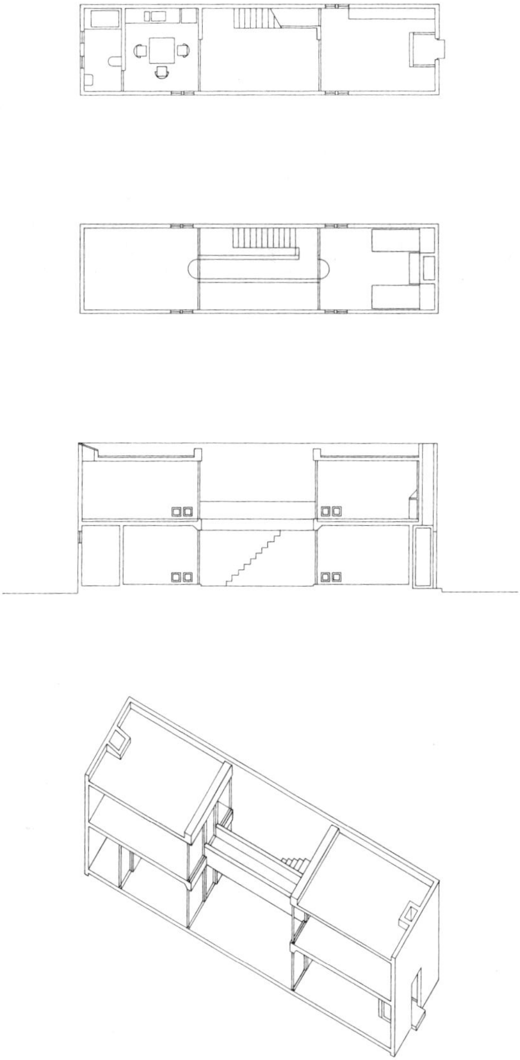

住吉长屋之平、剖面图与等角图

时尚住宅的流行与老街居民的生活

70年代初期，日本社会处于高速发展期的巅峰状态，国民生产总值不断攀升。1971年金融政策松绑，并受到1972年田中内阁的列岛改造论影响，住宅产业兴起。第二次世界大战后的25年，憧憬美式生活而一直拼命工作的日本人，总算有余力可以建造自己的家了。

那时大家所追求的，自然是设备齐全的美式住宅。宣传着亮丽时尚住宅样式的公寓、新楼房与贷款购置的透天厝，以惊人的态势不断兴建。

虽然日本京都、大阪、神户等地的新兴住宅区不断被许多新楼房淹没，但在我的周围仍以传统工法建造的木材房屋为主流，这种密集排列的住宅才是现实的风景，和时尚住宅根本扯不上关系。

我从小住在大阪市旭区的两层木造长屋，直到一手把我带大的外婆过世、我四十五岁那年为止，一直都住在那里。我的老家和住吉长屋一样，都是宽二间、深八间的典型长屋住宅。因为这间房子，我从小以为住宅就是又窄又暗、冬冷夏热的地方，并理所当然地接受。我一直想要改善这种居住环境，而长期抱着这个念头所累积的不满与愤怒，成为我决心从事建筑工作的能量来源。

虽然这里称不上是居住质量佳的房子，但是因为有了西向的后院，保有了最低限度的通风与采光。在汽车与冷气尚未普及的时代，人工产生的热源较少，都市环境比起现在好多了。在闷热的夏日傍晚，感受晚风吹过的清凉，或呆望着黄昏时分从后院流泻而入的短暂阳光——这就是虽贫穷但顺应四季变化而享受到的生活乐趣。

在开设建筑事务所前，为了增加见识而到世界各地游历，我曾两度造访美国。第二次搭着灰狗巴士，由西向东横跨整个美国，目睹美国非比寻常的"富裕"。街角处挤满手拿汉堡和可口可乐的人，在旅馆或汽车旅馆，擦手纸或纸巾就像自来水般用之不尽。我被这种大量消费的社会形态所震撼，也感到在国土面积、资源与生活习惯上都和美国不同的日本，不断想模仿美国的空虚。

时尚住宅生活的概念也是美国的产物，但想在地狭人稠的日本国土上追求这种生活，毕竟不切实际，日本社会应该思考的是如何选择更符合自己的生活形态，在狭小的土地上，寻找属于狭小土地的富足。我一直认为大家憧憬的那种明亮白净的郊区住宅，不过是在表面上做文章而已。

都市游击队住宅

70年代，包括我在内的年轻建筑家即使开设了事务所，也没有正式设计住宅的机会。最初经手的“富岛邸”的项目，是改建位于密集的老街木造房屋的其中一间。之后承接的住宅设计案几乎都是预算少、基地狭小的工作。

但即便在这样恶劣的条件下，对于渴望工作的我来说，这些项目仍是设计的好机会。出现于20世纪50年代的一系列的小型住宅建筑作品，例如增泽洵的九坪住宅项目，证明了基地小、预算少，还是能建出好建筑的。而在我的故乡关西地区，60年代有西泽文隆[2]的一系列中庭式住宅，以及RIA都市建筑设计研究所的合成木造建筑等，开始了都市住宅卓越的新尝试，也带给我很大的刺激。

如果为了满足业主需求，只需充实房屋功能就好，那就只能盖出无趣的家了。预算的限制虽然无法改变，但其他方面我绝不轻易妥协。就算和客户发生争执，也会坚持到对方无可奈何而作罢为止。对于工地的建造商也是一样，如果施工质量不佳，就算要扯着对方的领子吵架，也会要求他们重做。

1972年，通过同在大阪从事设计工作的渡边丰和先生引荐，我的“富岛邸”与另外两个设计建筑项目，得到在植田实先生所编辑的杂志《都市住宅》增刊号中发表的机会。当时名为"都市游击队住宅"的文章也一并被刊载，内容探讨在大城市过度密集区域的狭小土地上，仍要兴建独栋住宅的意义，以及我的建筑存在的理由。在日本有很多为了坚持定居城市而努力的个人，我把他们的住宅定位成"都市游击队基地"，并以"富岛邸"在内的三件作品为实例来介绍。每个住宅的设计都是采用自我封闭的结构，在四周筑起高墙，形成一个完全将都市排除在外，而力求内部完备的空间。这和一般追求明亮的时尚住宅生活潮流相反，都市游击队住宅是宛如洞窟的住宅。

都市游击队住宅，富岛邸（1973年完工）

问题是在这里生活，
真正需要的是什么？
这是关系到人们对
居住真谛的理解的问题。
对此，我的答案是：
让生活融合在自然中
才是住宅的本质。

居住的意义

在《都市游击队住宅》发表后两年的1974年初，我开始着手设计“住吉长屋”。宽度仅有二间的极小土地，加上被左右两间长屋包夹，与两边只有一墙之隔，这种改建工程比先前做过的任何建筑项目的难度更高。不过这前所未有的恶劣条件，反而让年轻的我充满干劲，想在这狭小的地方营造出丰富的空间。我就抱着这个想法，将心力全部投注在设计之中。

在占地与预算双双受限的状况下，思考的方向不禁朝向如何“削减身上赘肉”的减法。当我二十多岁在美国旅行时，曾为震教徒[3]自给自足的生活方式大受感动，我设计住吉长屋时所想的，是如何展示出就像该教派的家具般，只拥有必要物品的生活美学。但这并不光是减少摆设，呈现出单纯的造型就好。在原理性的结构中，我思索着要如何打造富于变化与深度的住宅空间——这是与狭小的土地相互矛盾的主题，同时我也在寻找各种可能。最后我想到的是，尽可能将外部空间包覆于住宅正中间的清水混凝土长屋。

为什么我要选择将毫无表情的清水混凝土墙朝向街道，且打破现代住宅动线设计的不成文规定？在改建时，我觉得这栋长屋，还有自己尚未察觉到的部分，这是我无法用语言表达的，但在周遭不断的批评声浪下，我慢慢地理出了头绪。

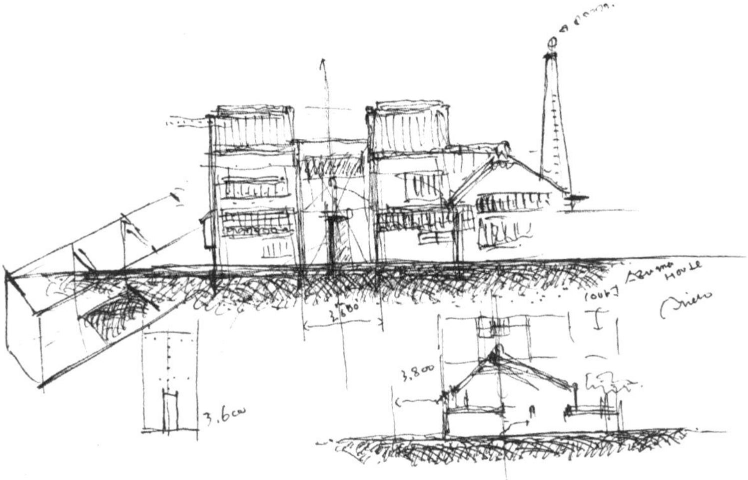

住吉长屋的速写

问题是在这里生活，真正需要的是什么？这是关系到人们对居住真谛的理解的问题。对此，我的答案是：让生活融合在自然中才是住宅的本质。正因为空间有限，所以首要任务是如何最大限度地体会自然严峻与温柔的变化，于是我牺牲了方便这个选项。

要在极狭小的基地中和自然共生，这个想法明显缺乏一种平衡。大家一般都会认为，中庭占了一个小房子的三分之一，那是多么浪费空间。但以我从小住在长屋的经验，相信中庭的自然留白，才能为狭窄的住宅创造出无限的小宇宙。同时，人类的韧性足以体会这座中庭的自然，并承受它的考验，将其作为日常生活中的色彩。至少我相信原本住在这间传统木造长屋的屋主东夫妇，能够理解这栋房子。

中庭占了这间小房屋的三分之一（住吉长屋）

因为存在着众多的争议，“住吉长屋”入围吉田五十八奖[4]。在最后的评选阶段，现已故的建筑界大师村野藤吾老师，当时曾亲自到现场查看。村野老师仔细地看过房屋的内内外外之后说：“姑且不论建筑的好坏，在这个狭窄空间里经营着生活，令我深受感动。应该给住户颁个奖吧！”说完就转身离去。不出所料，结果以落选收场，但我至今仍谨记着村野老师的那番话。“住吉长屋”的创造性，正是基于它实际被建造，并成为真正住宅这个事实。着手这间位于三间长屋中央的房屋的改造工程，不仅风险极高且十分困难，我必须感谢有勇气接下这项委托的建造商；我也必须感谢包容建筑这栋住宅的左邻右舍与附近的居民；最需要感谢的是决定住在那里的业主夫妇。如果没有他们坚定的热情与努力，住吉长屋就算成为一座清水混凝土雕刻作品，成不了一个家。但在三十年后的今天，他们仍和住吉长屋刚刚完工时一样，以不变的生活方式继续住在那里，证明了不依赖物质也能享有生活的丰饶。

现在回想起来，我从住吉长屋那些近于极限的恶劣条件当中，学会了相当多的事情。因为面积狭小又缺乏经费，所以不容许丝毫的浪费。正因如此，我才能彻底地思考居住者的精神力量、体力乃至生活形式的极限等相关问题。

让住宅不被安逸的方便性牵着鼻子走，打造出独特的生活——为了实现这个愿望，我以质朴的材料、应用单纯的几何学建立架构，并在生活空间中大胆引进自然。这样的住宅，直到今天仍是我建筑上的原点。

与自然共生的家（住吉长屋）

都市游击队住宅的新发展

“居住有时是很严肃的事。既然委托我设计，我希望你也要有坚持住下去的信心。”

有人来委托我设计住宅时，我会先这样说明，再补充说明“住吉长屋”的设计等。这时，大约一半的人就打退堂鼓离去了，而没走的另一半怪人，便成为我建筑项目的业主。

早期的工作来源，多半是我在某地为住宅施工时，附近的居民从施工开始到完成为止，三番两次前来观看，完工后就委托我设计。在完成“住吉长屋”之后，我的住宅作品“帝冢山Tower Plaza”、“真锅邸”、“堀内邸”、“大西邸”等都集中在该地的周边，就是一些极佳的例子。我经手的房子不仅改变了外形，连其中住户的生活形态也被改变，因此委托人本身已经做好了心理准备了吧！

既然要求住户付出种种努力，我们建造者也会担起责任，我们尤其致力于完工后的定期维护。和住户一同挥汗把外墙的污垢洗净，并改善有问题的地方。我们接到再次委托增建住宅的项目很多，理由或许不是因为住得舒服，而是在售后服务的过程中培养出了信赖与友情吧。

『居住有时是很严肃的事。既然委托我设计，我希望你也要有坚持住下去的信心。』有人来委托我设计住宅时，我会先这样说明。

小筱邸。为了留下原有树木的特色，将建筑朝向西南方
摄影：新建筑写真部

以光为主题的清心寡欲式生活空间（小筱邸）
摄影：大桥富夫

我用这种游击队的方式建造了许多为住户量身定做的住宅。对这样的我来说，于20世纪70年代末期着手设计的“小筱邸”是一个大转机。

以往的工作主题，都是想办法为夹在嘈杂都市环境中的迷你基地争取“丰富的”居住空间。但位于芦屋奥池资源丰富的基地上，在不限制建筑规模也没有预定计划的条件下所进行的“小筱邸”设计案，是我追求自己所向往的另一种建筑的大好机会。

清水混凝土壁面的大豪宅

无论是从施工地点还是从规模来看，在日本，“小筱邸”建筑项目都是可归类为豪宅的特殊项目。向来只经手低价位住宅建筑项目的我能接到这个项目，只能说身为时装设计师的客户小筱弘子女士也是个怪人。为了呼应她的个性，我想异于常理，建造一座我心目中的“丰饶”住宅。

房屋内外都是以清水混凝土为基调，打造出清心寡欲式的空间，并彻底坚持几何学的简单设计结构。住吉长屋以来的一连串都市住宅都采用了这些相同的手法，但在将自然引进箱形建筑这点上，这次我挑战了“光线”这个新的主题。

我将建筑物内部可感受的自然风貌，锁定在“光线”上面，思考各种将光线引进室内的方法，让每个空间各有特色。柯布西耶的朗香教堂已经证明了只靠光线也能产生建筑。而小筱邸则是尝试在排除一切装饰的混凝土箱形建筑当中，产生出“光”的空间。

这栋建筑也让我面对另一项主题：在树林环抱的空旷建筑土地上，如何安排建筑物的位置？和市中心的住宅不同，我要考虑，在受惠于自然环境的这个地方，应该建出什么样的住宅。我不用“建筑物与留白”这种单纯消极的设计，我的目标是让包含建筑物在内的整片建筑

空间的表情会随着光线的改变而转换（小筱邸）
摄影：大桥富夫

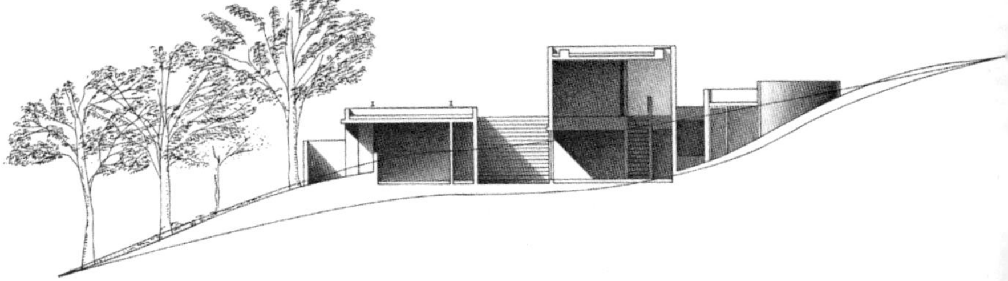

小筱邸的剖面图。箱形水泥屋与地形融和，嵌入其中

土地都变成一座大庭园。

于是诞生了两个高度不同的混凝土“箱子”，沿着地形做平行排列。在这两个“箱子”之间，运用高低差，将其中一部分当作阶梯形露台，成了室外的起居室。而在两个“箱子”面向露台那一面，用最能呈现出当地风景的形式切割出窗户。

除了有如嵌入地面般的造型，这栋房子的方位也不同于周边其他别墅。“小筱邸”的主要开口面向西南方。因为腹地广大，要坐北朝南并非不可能，但当初做设计时，以保留并活用土地上原有的树木为前提，做了这样的配置。我考虑的重点是对原来就存在于此的“自然”表示敬意，并加以活用，而不是坚持坐北朝南。

小筱邸的形式与一般所说的“豪宅”有很大的差异，但似乎非常符合小筱弘子女士的生活品位。完工三年之后，又增建了一间工作室，我在其中加入了描出圆弧状的光线空间。2004年时，在她的委托下再次着手改建，彻底改造其中原有的一栋。小筱邸以崭新的酒店之姿重生了。

不同时期的小筱邸，都让我得以实现心中所描绘的空间构想。它不只让我发现了清水混凝土箱形建筑的“下一个可能性”，对我来说也是具有特殊意义的住宅。

与社会之间的隔阂

在事务所成立的第十年左右，我的建筑家身份已稍被认同，做事也变得比较方便了，但对于建筑，我决定依旧采取“都市游击队”的态度，不加改变。然而，周遭的状况却逐渐在变化。

就像“住吉长屋”所象征的一样，我的建筑服务于清心寡欲且坚强度日的人，打造有如修道院般的住宅。到70年代为止，我的这种想法，和那些就算没什么预算也要拥有一个家、建立自己生活风格的住户的想法，几乎是不谋而合。从80年代中期开始，正好是经济泡沫开始迅速膨胀时，随着社会日渐富裕，我开始感到自己与社会有些格格不入。

这并不是说我无法为富裕阶层盖房子。在“小筱邸”之后，建筑家城户崎博孝先生身兼客户与协调人委托我兴建的“城户崎邸”等，也是在彼此有共同理念下我所着手的大型住宅建筑项目。“城户崎邸”这个项目给了我一项饶富趣味的课题，就是为一对夫妇与各自的双亲这三个家庭建造各自独立的共同居住空间，既拥有一起居住的感觉，又要确保个人隐私。我思考着这个难题，造出了将中庭住宅以立体方式层叠组合，呈现出迷宫般的空间结构。我认为这种结构展现了我对小型共同住宅的一种想法。确实，正因为各方面的条件优渥，我才能挑战这个新课题。

不过，“城户崎邸”这个项目终究属于例外。许多前来委托我设计自家住宅的、有经济能力的客户，多半不在乎如何生活，只是将我建造的房屋当作一种风格而已。他们追求的不过是“安藤忠雄的清水混凝土”这种设计，心中想象的则是麻烦少、明亮愉快又便利的现代式住宅。

要弥补自己与业主之间的观念差距，我势必得在某方面压抑自己的想法。但如此迎合下去，总有一天会迷失了本质。我就在感到自己与社会格格不入的矛盾中，站稳脚步不让自己被淹没，继续盖房子。

改建后，作为酒店而重生的小筱邸
摄影：松冈满男

巧妙地配置露天中庭，保有自我隐私却又营造出一家同住的感觉（城户崎邸）
摄影：新建筑写真部

城户崎邸。委托人夫妇与各自双亲共三个家庭的房子
摄影：新建筑写真部

持续设计住宅的意义

自1990年起，事务所承包公共建筑的比例日渐增加，我也忙了起来。要承包公共建设，至少要有二十名的员工，并维持一定的事务所规模。但以这样的人数再去承包耗时的个人住宅项目，会影响事务所的运营，因此承接个人住宅的项目必然逐渐减少。尽管如此，就算每年承接一两个个人住宅项目也好，我还是持续盖房子，直至今日。

在明知会影响事务所运营的情况下承接住宅建筑项目，原因之一是为了事务所的新进员工。因为我要让他们了解建筑是什么，他们从住宅这种能力所及的规模学习建筑则起步最快。

在鞭策尚未成熟的员工时，还要教导他们从事建筑方面的工作必须做好一定的心理准备，要完成一栋房子，除了得尽设计师的责任，还要承担相当的压力，也有很多累人的事。不过，新进员工的优点在于他们有初出茅庐的激情，正因为如此，他们也留下不少比资深员工更好的成果。而关键是我不想丧失这股激情，所以才坚持继续承接个人住宅项目。

因为能够承接的个人住宅建筑项目的数量有限，所以在接受住宅建筑项目时我格外谨慎。项目承接与否的判断标准，不在于预算与规模，只看自己能否和客户讨论梦想并迎接挑战。

在海岸旁边长五米的建地所盖的四米乘四米的住宅
摄影：松冈满男

每个项目都会带来不同的挑战：有的需要在自然风景胜地建房屋，有的则在市中心林立的大厦夹缝中再建住宅，这些特殊的建筑条件很有意思。也有的是在生活方式殊异的外国建造房屋，还有的则是建造满足商住两用需求的建筑，这些都是一种挑战。

然而最有意思的还是克服建地狭小、预算低廉的不利条件兴建小住宅。例如，直接把挑空的楼梯间当作住宅的“野田画廊”、像是崁入都市的夹缝之中的“日本桥之家”和以超低成本为目标的“白井邸”。而2003年，我在能瞭望濑户内海的海岸，在五米乘五米的正方形建地上盖了一间四米乘四米的超小型住宅。目前在东京都中心则有一片宽度不到五米、深度三十多米的狭长建地，我正在努力发挥那里的特色，建造有如日本回游式庭园[5]的住宅。

从小型住宅的设计转身挑战大都市的我，现在的工作则以日本国内外的公共建筑为主。工作量对一家小事务所来说是难以消化的，我们在维持内容、质量与运营的平衡之下，做最大的努力。等目前手边的工作告一段落，有机会静下来时，我想慢慢缩小工作的规模，回到自己的起点。

无论如何，我人生最后的工作一定是盖住宅，这是我唯一也是最强烈的坚持。

四米乘四米的住宅。从最上层的客厅可一览濑户内海
摄影：松冈满男

注释

1 清水混凝土的表面，在建筑界通称此种水泥墙为清水模处理。
2 西泽文隆（1915~1986），建筑家，对日本现代建筑有极大的影响。
3 震教徒，震教教友会教徒，震教1747年成立于英国，与贵格会和法国摩门教最相近，主张共有财产，强调独身，以舞蹈为礼敬上帝的方式之一。他们追求完美而简单的建筑形式和朴素的室内装饰，以“实用”为目标。
4 吉田五十八奖，是针对建筑和与建筑相关优秀作品及作者颁发的奖项，共举办过十八届，于1993年画下句号。吉田五十八，是日本昭和时代活跃的建筑师，将日本的传统建筑数寄屋自创性导向现代化。
5 回游式庭园，是综合江户时代以前历代庭园之特色，发展成为面积广阔的以水池为中心的环池开路，并以步行方式观赏园内各胜景的庭园。一编者注

第 4 章

挑战都市的建筑

摄影：荒木经惟

“表参道之丘”与“住吉长屋”

我建筑家生涯的处女作“住吉长屋”，是针对狭小建地上不到四米宽的长屋进行改建的。相较之下，2006年2月，于同润会青山公寓旧址竣工的“表参道之丘”，则是沿着表参道的全长有二百五十米以上的立面而建。

大阪老街的个人住宅和东京繁华街上的复合式新兴大楼，除了规模上的差异，在地理环境与用途上都大不相同；再加上三十年的时间鸿沟，从各个角度来看，两者都是“天差地别”的建筑。一般人认为这两个建筑体现了不同层次的工作，也是再自然不过的。

不过在我心中，“住吉长屋”与“表参道之丘”之间有一条线相连，那是“以建筑来表达对都市的观点”以及“以建筑来表达对都市的诉求”的主题间所画的一条线。

一方面，在“住吉长屋”中，我建构了对外没有任何开口、无表情的清水混凝土墙面，借此表现在以经济高速发展的名义下不断扩张的都市中，决定在此落地生根并与其对抗的个人意志。

另一方面，“表参道之丘”则在尊重原有的榉木行道树的考量下，压低建筑物的高度，并以玻璃统一临街的立面，借此表现公共的民

表参道之丘，立面跨度长达二百五十米以上
摄影：藤冢光政（照片提供：*Casa Brutus*/Magazine House）

意，对抗一味追求楼板面积与经济效应而不断侵蚀都市空间的市场原理，并希望留下那存续超过半个世纪的风景。

一个是住宅，一个是商场，这两个建筑物的使用目的虽有差异，但都采用了面向内侧的这种内向性的空间结构，可以说是对都市采取防御姿态的表现。

我从事建筑行业已过了四十年，虽然社会与建筑行业的环境有很大改变，但我面对建筑的基本态度，依旧是“对抗都市的游击队”，丝毫没有改变。

投向都市的视线

我开始思考“都市”，是在开设事务所前的20世纪60年代的某一段时期，我在因缘际会下参加了神户凑川的大规模再开发计划。对当时以自己摸索的方式开始学习建筑的我来说，那是个完全未知的世界。起初虽然懵懵懂懂，但进行了多次的田野调查，并参考欧美各都市的形成过程后，我心中渐渐萌生了看待都市的观点。

而让我有机会亲身体验都市耐人寻味之处，是从1965年起开展的多次世界游历之旅。每个城市都各有独特的魅力，我对每个地方都有自己的发现与感动。而和日本的都市比较时，我发现世界上几个最具代表性的都市有共通的特性，那就是在都市中流动的“时间累积的富饶”。

例如在巴黎、维也纳的市中心，历经一个世纪以上的建筑物还是理所当然地继续被使用着，现代艺术家则在其中展现前卫的艺术活动。这种把过去、现在与未来完美地交织成一体的情景，让我有全新的感动。那里拥有日本城市所欠缺的成熟都市文化。

西欧的历史古都，之所以没被近代化潮流吞没，并保存了过去的街景与建筑，唯一的原因是在都市化的背后，都市发展的方向非常清晰明确。

我从事建筑行业已过了四十年，
虽然社会与建筑行业的环境有很大改变，
但我面对建筑的基本态度，
依旧是『对抗都市的游击队』，
丝毫没有改变。

日本的都市虽然效法西欧都市推动近代化，但引进的只有都市规划的手法，而关键理念“应该建设什么样的都市”，则被弃置一旁。在这样的状况下迎接第二次世界大战后的经济高速发展期，只会仰赖经济理论，一再重复建设与破坏的循环，最后产生了世界上独一无二的“混沌”都市。

在我展开建筑活动时，社会经济正好进入稳定期，也是“建筑业之国”日本正准备“大跃进”的时代。眼睁睁看着自己居住的地方逐渐往坏的方向发展，对于没有项目经验的年轻建筑家而言，“都市”看起来根本就是“敌人”。

从受鄙夷的商业建筑起步

“面对都市，建筑该是何种样貌？建筑能对都市做什么？”

第二次世界大战后的日本，第一位直接面对这个主题，以建筑而非空话来响应的建筑家就是丹下健三。

丹下健三众多的作品，影响了往后的建筑界，例如香川县政府等一系列的政府建筑，利用清水混凝土表现出日本传统文化之美；而代代木国立竞技场这项杰作，将技术提升为一种表达方式；东京圣玛丽亚大教堂，则让近代建筑的活力呈现于宗教建筑的空间中；但对我影响最深刻的则是广岛和平纪念公园。

我第一次造访和平纪念公园是22岁，那时候我正开始自学建筑。我只为了丹下健三的盛名，还没顾得上做任何功课就前往当地，结果我却大为感动。

建筑整体以和平大道为主轴，从和平中心的挑高广场开始依序延伸到祈祷广场、纪念碑与原子弹爆炸后留存的圆顶，这是一座雄伟的都市建筑——日本人希望战争中的死难者得到永久安眠与祈祷和平的心愿，在这里以一目了然的风景呈现出来。

当时我虽然无法以言语表达那座建筑的精湛之处，但至少亲身体验了“建筑能够拥有的力量”。与和平纪念公园的相遇，成了往后我毫不犹豫投身建筑世界的主要原因之一。

不过，数年后我在大阪开设事务所，根本不可能接到那类“大项目”。可以在都市的公众空间参与兴建公共建筑的人，都在有名的大学接受过建筑方面的正统教育，也就是所谓的精英建筑家。像我这样仅靠自学便鲁莽地踏入业界的无名设计师，顶多只能帮“怪人”业主建造小型个人住宅，或是“称不上建筑”的商业建筑。

如今我在城市里大兴土木，大家可能会觉得我刚刚那句话“好像对商业建筑有所不满”。但至少当时的建筑界普遍认为，迎合商业活动的建筑不具公共性，也就是不入流的建筑。实际上在设计方面，商业建筑只注重外表且毫无新意，是彻底遭到摒弃的存在。

不过，商业场所提供的购物、娱乐和交友空间，让人得以聚集在一起，促进交流。特别是日本社会一直以来都以村落共同体为生活中心，商业场所便扮演着重要的角色。正因为商业场所与生活有如此密切的关系，所以在某种意义上比起公共设施来，商业场所更有希望成为具公共特质的场所。

无论如何，对我来说，面对都市，我只有用打游击的方式去涉入。在不断胡乱发展的都市中，以兴建个人住宅作为抗衡堡垒的同时，我也开始借由商业建筑，从小据点切入城市。

红砖墙的另一头

如果说我的住宅处女作是“住吉长屋”，那么我的第一个商业建筑作品，就是在“住吉”完工后的第二年也就是1977年完工的、坐落于神户北野町、以古老洋房闻名的“玫瑰花园”（Rose Garden）。

这个项目的业主是个二十多岁的当地人，我接受了他想盖一栋“带给街坊活力”的建筑项目委托。实际上北野町当时也受到建设热潮的冲击，古老的街道景观逐渐被毫无品位的大楼与公寓所破坏。这个设计案就缘于当地居民为了阻止毫无章法的开发行为的心愿。

针对“保存街景”的主题，我提出不让建筑物的外观在现有的街景中显得突兀的配置设计。此外，也传承红砖墙与山形屋顶这类西式洋房的部分风貌。

在现今的社会中，“维护景观”一词已相当普遍，但三十年前，当时社会对城市景观的保护意识薄弱。在这样的环境里，“维护景观”更具意义，考虑到与周遭的协调，我认为用红砖墙而不用混凝土外墙，是个正确的选择。

但我在“玫瑰花园”中真正想打造的，并不只是红砖墙。我倾注心力的重点，在于墙壁另一头的“空间”。

那是位于两栋建筑之间的留白空间。当时我想在楼梯挑空的外侧设置回廊，以阶梯相连，并借由店面的排列创造出一条“道路”。这条会受到风吹雨淋的“道路”，就像一般马路一样，偶有不规则的弯曲，以此在建筑物中创造出“沉淀”与“停留”的空间；而爬上楼梯，便能从墙缝中看到神户的海景——我的构想就是在建筑物内打造另一个街市。

“玫瑰花园”完工后，受到委托人等爱乡爱土的居民的热情支持，超乎预期地顺利融入当地。我认为通过那次机会，“造镇”的观念便扩展到整个北野町。粗糙的再开发计划宣告停止，取而代之的是竞相成形的气氛沉稳的复合式商业建筑。

神户北野町的玫瑰花园

在“玫瑰花园”之后，我在当地又参与了“北野小径”（Kitano Alley）、“Rin's Gallery”、“Riran's Gate”等设计案，十年间我大约承接了八个建筑项目。无论是哪一栋建筑，都和“玫瑰花园”一样，主题放在与周遭环境的自然衔接，以及营造场地的热闹气氛上。

即便这一栋栋建筑的规模都不大，但只要连续兴建，力量就会合而为一。最后北野町宁静的原貌没有受到太大破坏，古老的洋房建筑与现代的感性得以共存，重生为崭新的观光胜地。

这是借由居民的双手，串联起小小的点而实现的“造镇”计划。

环绕着回廊的玫瑰花园的中庭广场

都市的广场

从古到今，西欧的都市常将广场设置于市中心，肩负人群集会场所的功用。只要逛逛意大利的古都，就会发现那些地方都有古色古香且美不胜收的广场与街道，以及时至今日仍充满生命力的风景，令人心动。

但是日本的都市规划模仿西欧，却没有设立广场。这并非“不能建”，应该说是“建了人们也不懂得如何运用”。问题不在于建造者，而是出在使用者身上。

在传统观念里，日本的社会结构原本就没有在市镇中心特地兴建让人交流的场所的需要。在都市空间的意义上，小巷小路或水井边这类隐于街坊内的场所，反而令人感到十分亲切。

如果大众没有培养出参与及共享的意识，不管在环境中保留多少空间，广场也不会成为名副其实的广场。实际上在处于东京市中心地带的车站前，那些开放空间都只是徒有虚名的荒凉广场，这样的情景直到现在仍相当常见。

要如何打造广场？在日本正式开展都市建设的60年代以后，广场建设的主题便常是日本都市建设的一大课题。

冲绳的Festival
摄影：新建筑写真部

以北野町为始的商业建筑项目中，我所思考的也是“广场”。即便如此，只要实际看过我的作品就了解，那不是一般出现于都市中心的广场。它并非显现于外，而是不断往内延展，给人的印象仿佛是在都市中被层层包围的空间。

既然是向内延伸的结构，当然与外部世界的界限越分明，内部空间的震撼力才会越大。比起北野町强调与环境协调的建筑，在日本各地的都市中，建于高松的“STEP”、冲绳的“Festival”、大阪南区的“OXY鳗谷”、“GALLERIA [akka]”等清水混凝土箱形建筑，仿佛切入了商业街，更能明确看出设计意图。

1984年落成于冲绳的“Festival”，便是含有内向性广场的，以边长三十六米的大型立方体呈现的建筑。在这个建筑项目中，我提出的空间结构，是将连接一楼到顶楼的挑空，当作建筑物的中心，并沿着其垂直方向延伸的轴线，不断往上延伸。虽然和巨大的规模相比，其造型过于单纯，但外墙使用冲绳当地独特的空心砖，让自然的风雨光线渗入整体之中，使空间没有封闭感。沿着这个“光与风的天”往上，最后则是在顶楼打造开放式的空中庭园。

在冲绳的蓝天下，人们聚集在榕树下乘凉。拥有这种高耸天井的广场，正是“Festival”的主题。

“GALLERIA [akka]”虽然是商业建筑，但有一半是由迷宫般的楼梯形成的挑高空间所构成。只要换个角度，垂直延伸的画廊，其中一部分还会变成店面。1989年2月，于前一年年终过世的野口勇先生的个展，在其本人的遗志下出乎意料地在“GALLERIA [akka]”举行。野口先生原本早已确定在其他场地举办个展，但是来到大阪参加事前会议时，造访了“GALLERIA [akka]”，认为这种喧闹的商业空间比原先的展场更有意思，因此当机立断开始这项计划。遗憾的是，这居然成了追悼展。在展览期间，看到人们上下楼梯，接触野口先生的雕刻作品并乐在其中，让我觉得建筑物正在呼吸。空间能拥有这种面对意料之外状况的包容力，正是都市建筑所需要的。

GALLERIA[akka]的野口勇个展

但这种观念却很少被采纳运用至商业建筑中。所谓商业建筑，理所当然要考虑到商业上的利润，以获利为目的，尽量保有“可用的”楼面面积，才是业主深切盼望的事。

“为什么需要这么大的挑空呢？”

“过道与阶梯占的面积太大。”

“公共区域几乎都在半室外空间，无法使用空调。”

“进了大楼入口后，又会走到室外，顾客何时才能把伞收起来？”

实际上，站在店家的立场一定想要开一家能有“好业绩”的店。这些意见相当实际，在某种意义上也是正确的。而我会审视调整应该修改的地方，在与业主磨合的同时，也努力守住绝对不能退让的阵地。

为了将自己的概念融入商业建筑中，我必须有卓越的毅力与体力，在与业主、开发商协调的紧张气氛中周旋，忍耐坚持到最后一秒。

找回失落的都市水岸空间

近代都市建设中缺乏了许多水韵，从这层意义上，京都的“TIME'S”令我感触良多。虽然这个建筑项目的规模不算大，但从一般的角度看来，我的提案风险还是很大的。为了让设计方案实现，除了业主，我也和行政单位产生了相当激烈的冲突。

建地位于贯穿京都市中心的高濑川与三条通的交叉口。高濑川是宽五米、水深几十厘米的运河。在明治时代琵琶湖疏水道开通之前，这条河在京都的水运方面，占有相当重要的地位，也是当地人眼中再熟悉不过的日常景色。但随着都市近代化，失去功能的河流变得碍手碍脚，那些沿岸兴建的建筑物，全都背对河流，没有地方可供人在日常生活中亲近河流。高濑川在现代的京都市，曾被彻底遗弃。

但是，银阁寺附近哲学之路旁的水路等多处大概因为和水的关联，而修建了充满京都古老风情的景致。只要是在京都附近长大的人，如果想在河岸建房屋，都会很自然地将水运用在建筑中。因此我不禁将重点放在如何设置面对河流的开放空间上。

我不想做表面功夫，将靠河那一侧的外观设计成开放的空间而已，而是设想如何让河水有如流入建筑般，在建筑物与河流之间，创造出一种张力，那才是我的目标。

GALLERIA[akka]的挑空楼梯天井

建于京都高濑川旁的TIME'S

由此产生的建筑构想，便是将各层的公共空间做成小巷般的户外空间，并让建筑物内的各个空间，与高濑川互相接触。但这点遭到业主的强烈反对，业主质疑："为什么故意提高维护管理的难度？"而且我还计划在最底层，距离水面二十厘米处，打掉部分护堤以建造露台。行政单位表示不同意，认为这项提案"不合法规的要求"。

"因为有商品，如果被水淹了怎么办？"我非常理解业主的担心，所以针对这一点，依照过去的数据，技术性地模拟水量变化，审慎斟酌出最接近水平面的高度。

然而行政单位的说辞却让我无法接受。

"到目前为止还没有因为建筑物而打掉护堤的案例，没有前例可循的事就不可以做。""河岸没有设置护栏，小孩子掉下去怎么办？"

为了美观而在自己的建地内改变护堤形状，应该没有违反公众利益；就算小孩掉进去，也不可能在深度几十厘米高的河里溺水。虽说法规必须遵守，但他们的主张并不是建设都市的逻辑，听起来倒像是规避责任的狡辩。

生怕出事而一味设限，这种但求无过的体制，会让遵循的人们根本无法作任何改变。我采取坚定的态度，在建筑审批手续下来前绝不认输。或许我的说法在某种意义上是正确的，所以经过几次协商，最后行政单位终于接受，几乎是用原方案设计兴建"TIME'S"。

TIME'S让京都的水岸空间再次重生

从三座小桥沿着高濑川而下，就可以沿着河岸行走。“TIME'S”找回了失去的河岸空间，这项尝试招来出乎意料的人潮。因此这栋建筑在商业计划上也达到了预期的成功。

数年后我在相邻的建地，也用同样的概念进行增建，所以和北野町一样，借由一栋一栋的建筑，引发了小区造镇的契机。

从“住吉长屋”以来，我追求在封闭的空间中，将光线与风等抽象化的自然导入建筑内部；而“TIME'S”的概念，反将建筑投入自然之中，因此这个项目也开启了我新的工作方向。

只要周围有极具生命力的自然风貌，就能借用这股力量，重新整建环境。但充满生命力的自然在带来丰富变化的同时，却是复杂麻烦的事物。相对地，现代都市基本上是以“去除无法预测、不稳定因素”的理性主义的逻辑所构筑。要用建筑来弥补这条鸿沟时，我所看到的就是用建筑向社会进行批判这个主题。

建筑要重拾现代社会抛弃的观念，并凸显其问题，而且建筑必须是那个地点与那个时代的独特产物。

问题不在建筑的规模大小，而在于对于现实都市的看法，以及如何提出质疑，重要的是建筑背后那股强烈的意志。

之后我在大阪天保山兴建“三得利博物馆”，我提出的构想是，在美术馆的建地外，修建一个阶梯广场，它经过由市政府管辖的堤岸，直到海面上为止。而这项浩大的设计项目的基础，就是那栋“TIME'S”建筑。

美人鱼广场（三得利博物馆）。摄影：大桥富夫

建筑必须是那个地点与那个时代的独特产物。问题不在建筑的规模大小，而在于对于现实都市的看法，以及如何提出质疑，重要的是建筑背后那股强烈的意志。

“泡沫经济期”的建筑

设立事务所以来，我的工作以个人住宅与商业建筑为主轴。80年代中期，不仅在关西地区，连在东京参与设计的机会也增加了，而我的诉求也逐渐地被社会了解。

但从80年代后期到90年代初期，所谓“泡沫经济”的来临，让状况为之一变。因为过度的投机热潮使资产价格暴涨，形势一片大好，甚至让人产生错觉以为“金钱是万能的”，极度的经济至上主义在整个社会蔓延开来，这股浪潮也吞噬了建筑界。

尤其在东京都中心所兴建的商业建筑，更是流露出无比粗俗的丑态。在那种社会环境下兴建的建筑，不过是以设计标新立异的商品而已。

一方面，利用“后现代”一词为障眼法，为了花光大把钞票而将建筑物盖得奇形怪状，这种毫不考虑周围环境的建筑接连出现。另一方面，这些建筑只被当成投资标的，折旧期大约三年，只要没有利用价值，转眼之间就会被拆除。

这个时期，日本的都市空间可以说完全受失控的市场机制左右。

这股浪潮也涌向身在大阪的我。有些人直接表示，愿意完全按照我的设计建造；也曾有大型购物中心项目、郊区的大型集合住宅项目和度假村的开发项目来找我合作。

这些虽然都是很“好赚”的工作，但如果我感到项目的商业色彩太重，或是跟业主的观念相差太大，我都会婉拒。相反，借由“兵库县立儿童馆”等逐渐展开的公共工程，我让事务所开始转型。大约在做完青山复合式建筑“COLLEZIONE”项目那阵子，我就觉得差不多要为商业建筑的工作画下句点了。

青山的COLLEZIONE
摄影：新建筑写真部

我感到疲乏的原因，并不是以商业为目的建筑必须与市场原理对抗，才能盖出我理想中的建筑。而是说，若建筑只是炒地皮或投机的工具，就已经无处可展现“战斗”的姿态。要是卷入那样的金钱游戏，恐怕会迷失自己，所以，我才决定要和商业建筑项目保持一定的距离。

表参道之丘

从这点看来，“表参道之丘”对我而言是睽违已久的“都市中的建筑”。1994年第一次有人来征询我的意见，一听到要将同润会青山公寓改建成复合型都市设施时，我就觉得“这个项目相当棘手”。

原因之一，在于这间公寓有将近百名的土地所有权人，改建时每决定一件事，都必须得到那一百人的同意，这在项目推动上确实有它的难度。实际上，该处似乎从20世纪60年代起便有好几次改建计划，但都无法付诸实现。几乎都是因为地价暴涨而得不到所有权人同意，时间一久便无疾而终。而这次谁也不敢保证能顺利进行。

另一个原因，那排旧公寓区块让表参道成为日本最棒的街道，而本次的开发项目，则是在它的“遗址”上进行，这就是最困难的所在。同润会青山公寓为关东大地震后的振兴事业工程，落成于1927年，是日本第一批真正的钢筋混凝土集合住宅。在社区形成的主题上，青山公寓充满当时现代生活的“梦想”，在建筑界它也因为身为近代日本的建筑遗产而获得很高的评价。然而，远比专家的赞美更为重要的，是行经表参道的普罗大众对这栋建筑的深刻情感。

矗立了四分之三个世纪的青山公寓，在榉木行道树林立的街道上，绵延将近三百米长，对于不断重复“拆与建”的日本而言，是值得骄傲的珍贵美景。拥有青山公寓的表参道街景，毫无疑问是属于大众的存在，如果要加以开发，当然会有反对与抗争声浪。以建筑家的身份参与，必定会夹在土地所有权人与社会舆论之中，陷入两难的立场。

虽然会担心建筑以外的这些政治性难题，但也正因如此，我才感到建筑家有参与的意义。因为我长年以来都在思考：“建筑在都市中该是什么样的方式存在？建筑能为都市做些什么？”表参道之丘让我强烈且深入地去思考这些“建筑的责任”。

连接“时光”的设计

我在1996年再开发者协会上的理事会获得提名，正式与土地所有权人展开对话，计划也随之启动。

但如我所料，状况相当艰难。在起步的阶段，有一半的土地所有权人不希望有建筑家参与。他们看了我过去的作品，要求别用混凝土风格，或表示反对方正的设计，甚至还对各自的空间提出要求，讨论玄关的位置或要铺大理石地板。总而言之，大多数人的论调都是“希望建筑家不要多管闲事”。

会议大概三个月召开一次，我并不急着统一意见，反而请所有会员把想法全部表达出来，总之就是先从“倾听”开始。森大厦[1]的森稔先生等人，对表参道有很深厚的情感，在改建时各有想法。所以即便想按照计划汇整意见，也无法达成共识。我打算在互不妥协的状况下，让大家将心中想的一切全说出来，在这重复的过程中消除分歧。

其实从第一次到最后一次会议，我对设计的方针几乎完全没有改变。我采取的姿态，是不切断从过去、传承至今的时代感，并打造出传承都市记忆的建筑。一定要把青山公寓长年守候的表参道风貌给保存下来。

话虽如此，修整老朽的建筑，将其保存下来，这方法无论从技术层面或经营规划的层面，都无法付诸实现，因此不得不接受拆除重建的现实。

这时我提出的建筑构想，不是直接保存过去建筑的形体，而是化身为“风景”，让过去继续活在现代。具体来说，第一是将建筑物的高度，限制在沿街林立的榉木以下；第二是立面要尽可能排除商业成分，以低调的方式呈现；第三是后端的两栋公寓，无论采取什么形式，都要将旧建筑原貌保存下来。这三项就是我提出的设计重点。虽然第三点和“以概念传承记忆，而不是以形体”之间看似互相矛盾，

从前的同润会青山公寓
©KAZUHIRO TOMARU/SEBUN PHOTO/amanaimages

表参道之丘。设计时便决定高度不超出榉木行道树
摄影：藤冢光政（照片提供：*Casa Brutus*/Magazine House）

但是都市的丰裕，
源自当地丰富的人文历史，
以及凝刻了岁月痕迹的空间。
人们生活和相聚的场所，
是不能当成商品拿来消费的。

但将这两栋公寓列入建筑设计案的意义，与其说是把它们作为设施的一部分，不如说是当作述说过往的一座纪念碑。

不管怎么说，我的提案和业主一方处于完全对立的状态。业主希望在合法的范围内，尽可能扩大卖场面积，在这种状况下限制高度（等于必须增加同等面积的地下空间），会大大影响开发的利润。特别是要留下边缘两栋公寓的提案，更受到强烈反对。

“自来水与煤气等所有生活设备几乎都有问题，混凝土本身也快达到耐用年限，而且天花板太矮使用不方便。就是对旧公寓有所不满才要改建，你居然说要留下来，简直是荒谬……”

实际生活在其中的当事人一席话，切中要害又有说服力，但我仍不退缩，持续寻找“保存”的方法。

“沿街立面跨度这么长的建筑，从公共角度出发本来就有责任要作出一点牺牲。”上述主张直到最后，我也没有改变。

表参道之丘。螺旋斜坡让地下楼层的店家，也有路面店的风貌
摄影：藤冢光政（照片提供：*Casa Brutus*/Magazine House）

以对话解决问题的过程

现在回想起来，很难想到我真能从那种混乱的状态，一路走到最后，征得众人的同意。

因为榉木行道树限制了高度，因此建筑物的地下空间深达三米。而面向表参道的建筑立面，则是统一以玻璃墙呈现。除了照明的装置艺术需要LED照明，以及在窗框安装挂钩以外，我并没有设置空位给店家挂招牌。这栋建筑物在低调的架构下，在玻璃墙上层放上住宅的形态，是为了展现从前曾是“住宅”的过去，让大家不要遗忘。

经过四年多的讨论，土地所有权人之所以愿意“全权交由安藤先生来处理”，原因之一或许是我一贯坚持自己主张的顽固性格，反而得到众人的信任；另一点是对于他人的意见，我无论接受不接受，一定会给予响应，我的态度也让业主们逐渐接纳了我。

有些构思也是我和土地所有权人在开会时充分讨论后产生的，例如串联起地下三层、地上三层共六层的螺旋式斜坡设计。

我延续旧公寓的建筑配置，在三角形平面的挑空区加入斜坡，碰巧发现这个斜坡和表参道的道路坡度一样，都是二十分之一。再以石板地面铺设，做成和表参道相同的人行道。营造出的氛围，仿佛将道路引入建筑之中。而且让原本营业效果较差的地下楼层，也有了一楼店面的风貌，是极富“创新”的构想。

此外，直到最后都颇有争议的，就是保存部分旧公寓一事。因为有占地与结构强度的问题，计划并没有成真，取而代之的是将东南端的一栋公寓完全“复原”。

玻璃墙的立面从西北侧开始延伸，尾端则出现旧公寓修复后的米色外墙，再过去则出现一层楼高的玻璃墙，其后设有公共洗手间——即便重建了复制版的公寓，但因为有这栋旧公寓，便能呼应建筑该有的公共性质，确切表达出建筑物的意志。

整个设计最后能够实现，就是人与人之间不断进行看似平常的“对话”而累积的结果。

同润会青山公寓复原的一栋
摄影：松冈满男

从建筑到都市

这几年来，东京的都市空间产生了新的变化。在泡沫经济崩溃后，经济虽因为不景气而看似停滞不前，但自90年代后半期日本实行了“政策松绑”与“结构改革”，受其影响，业界又开始兴建摩天大楼。过了千禧年，则陆续出现了大型开发项目。

正好从这个时期开始，出现了《新生代建筑家设计的都市中心小住宅特刊》等刊物，一般杂志也开始大量报道“建筑”的话题。从前想在郊外购屋的人纷纷回到市中心买房置地，这一现象也昭示着都市的变化。东京都的再开发区内，吹起一阵兴建公寓大厦的风潮，而忧心办公大楼供过于求的“2003年问题”[2]，也闹得沸沸扬扬，为东京的都市空间注入众多的能量。

在经济高速发展下的都市建设，和今日由民间资本所主导的都市建设，最大的差异在于后者的开发策略转向“重质不重量”。每个建筑项目都打出“文化都市”或“环境都市”的号召，积极表明他们不像以往的开发项目只重视经济效益。而“表参道之丘”以“媒体旗舰”为名，强调其作为流行信息发源地的特质，亦同样置身在这股洪流中。

关于那一连串的大规模开发计划，有正反两面的许多意见，然而我个人认为六本木之丘虽以商业为基础，但在地价昂贵的地段导入美术馆等文化设施，对日本都市而言是极大的转变。接连完成的国立新美术馆及东京中城，如果能被串联起来，六本木就能成为与上野齐名的新文化圈。但令我担忧的是，这些设施能维持多久？只要属于商业设施的一部分，一旦追求利润的出资者提出要求，获益性较低的文化设施很有可能成为第一个裁撤的目标。

但是，都市的丰裕，源自当地丰富的人文历史，以及凝刻了岁月痕迹的空间。人们生活和聚集的场所，是不能当成商品拿来消费的。在建筑物承受时间考验，不断兴建的趋势下，同润会青山公寓在宁静的住宅区逐渐改头换面，成为新旧交融并充满魅力的场所，在都市中继续生存下去。

这种应对社会变化的包容力，以及连接时光的坚韧特质，在遭受消费文化侵蚀的现代建筑中，应该是不可或缺的吧！建于青山公寓旧址的“表参道之丘”，是我对这项课题所给出的一个解答。

俯瞰表参道与表参道之丘。沿地轴绵延至明治神宫的树林
摄影：藤冢光政（照片提供：*Casa Brutus*/Magazine House）

注释

1 森大厦有限公司，是日本土地开发商，主要以东京都内六本木、麻布、虎之门地区为据点，擅长在市中心建构商住两用的复合式多功能摩天大楼。六本木之丘与表参道之丘均为其代表作。

2 2003年在东京都中心建设的多数大型办公楼陆续完工，出现了市场供过于求与空屋率增加的可能性，形成社会上尤其是不动产界普遍担心的“2003年问题”。

第 5 章

对混凝土的坚持

安东尼奥·高迪的建筑

西班牙的安东尼奥·高迪是20世纪伟大的建筑家之一。他因为构思了现今巴塞罗那重要的观光资源圣家族大教堂（简称圣家堂，Sagrada Familia）而举世闻名。高迪的建筑特征为外观布满装饰、屋顶呈波浪状弯曲、支柱与天井状似植物等，具有近乎过度的装饰性。他的建筑和秉持理性主义的近代建筑正好相反，属于造型式的建筑。

然而高迪那乍看之下呈现“非理性”的建筑，在结构上却属于欧洲传统的砌体结构，非常切合实际需求。为什么同样采用砌体结构，却只有高迪才能做出那样复杂的形状呢？这是因为他使用了加泰隆尼亚（Catalunya）地区一种名为“加泰隆尼亚拱顶”（Catalunya Vault）的当地传统技术。这种工法的特色，是采用轻薄的砖片互相黏着组合而成，可以做出一般厚砖块做不出来的自由形状。

高迪活跃的1900年前后，如同埃菲尔铁塔所象征的，是一个以钢铁、混凝土等近代工业材料，让制造与建构的工法普及化的时代。根据文献记载，高迪似乎充分学习过这类新时代的技术，但巴塞罗那在当时的欧洲属于边陲地带，并没有跟上时代潮流。所以他是在即便知道未来的发展方向，仍然选择背道而行，而成为建筑家。

然而高迪并没有放弃他的理想，他正视了加泰隆尼亚拱顶这项传统技术，在追求结构的极限（造型在力学上可达到的极限）下，突破表现的限制，以结果来看，他到达了远超过现代建筑层次的丰富空间世界。

关于高迪建筑造型的灵感来源，有各种不同的看法，有人认为来自动物的体内，也有人认为来自加泰隆尼亚壮阔的大自然，但我认为是来自“即便是被时代舍弃的技术，借由钻研贯彻技术本身的极限，也能开拓出新的可能性”这种创造者的挑战精神，这才是高迪无可比拟的建筑底下真正的本质。

高迪的圣家堂附属学校，运用了加泰隆尼亚拱顶技术
摄影：筒口直弘

坚持使用混凝土的理由

现代的建筑一般多使用玻璃，但我坚持使用混凝土，是因为我要“挑战”自身创造力的极限。

钢筋混凝土只要有混凝土、水、沙石加上钢筋，就能随意创造形状，是象征现代的建筑工法。这种方法大约在一百年前步入实用阶段，与20世纪的近代建筑一同发展至今。日本为了推动都市防火政策，在关东大地震后开始引进。第二次世界大战之后，钢筋混凝土主要用于公共建筑与集合式住宅，短时间内便达到普及。

不过，虽然混凝土是具备耐震、耐燃与耐久性的近代建材，但过去普遍认为这种素材根本不具美感，一直都被当作打底的材料，用在建筑物的基础架构上。建筑界中，柯布西耶、路易斯·卡恩[1]以及日本的丹下健三等人，都曾尝试以混凝土表现粗犷质感，那是高度艺术的展现。一般说到混凝土，人们心中浮现的多是水库或桥梁等，只注重强度与功能的土木建造物。

实际上，我在70年代开始使用混凝土，不是只有美学上的企图。在有限的预算与建筑土地上打造最大空间，内外墙一体成形的清水混凝土，是最简单且最节省成本的解决之道(就当时而言)。

双生观茶室。地面、墙面与天花板都以水泥打造
摄影：新建筑写真部

事务所开设后不久，
每到工地灌浆那天，
我都会加入工人的行列，一起手拿竹棒。
如果有人做事马虎，
我都会大声斥责甚至动手打人，
以求他们尽全力做到最好。
清水混凝土的成败，
在于建筑家与施工现场工人之间
是否有稳固的人际关系。

但从第一栋个人住宅开始的几个项目，让我感到这种材料与工法拥有极大的利用空间。这种可塑性是指，只要先做出模板然后灌浆，就能随心所欲做出一体成形的不同形状。这并非意味着能以雕刻的方式盖出建筑物。对我而言，能以最原始的造型，表现出自己想要建造的空间，才是混凝土的魅力所在。

另外，清水混凝土工法的困难之处在于，这是无法在工厂监控质量的“现场施工”，因此会随着条件不同而产生完全不同的成品，但同时这也是这种工法的趣味所在。即便都是清水混凝土，既能呈现出柯布西耶的拉图雷特修道院那种粗犷有力的形象，也能像路易斯·卡恩的金贝尔美术馆（Kimbell Art Museum），表现出端正且坚硬的样貌。总而言之，这是一种可以把建筑家的想法有如表情般展现于外在、具有多样性的材料。

虽说混凝土有很大的发展空间，但我也不是一开始就找到了属于自己的表现手法。任何人都能使用的手法，很难表现出不同于他人的差异化。

但是，与其用特殊工法展现自己的特色，不如以平常的方式做出谁也模仿不来的作品，虽然困难，却让创造怀有“梦想”。

于是我将使用材料锁定在混凝土上，结构上也坚守几何造型，以这种简单的原则来约束自己，开始在其中挑战如何创造繁复多变的丰富空间。

德国的Vitra研修中心。树木的影子映在水泥墙面上
摄影：新建筑写真部

寻找属于自己的清水混凝土

舍弃装饰、直接展现材料质感的美学，是早期现代主义的基本原则，同时也是日式建筑的感性之处。换句话说，我想以质朴的混凝土来创造的，可说是现代日本“民宅”。那是为了让人们在心中只留下对空间的体验，而创造出朴素又充满力量的空间；一种借由墙壁围筑营造的空间感和外界射入的光线，就能道尽一切的赤裸建筑。

要实现这种建筑理想，在墙面上追求的是细致而非力道，是触感的平滑与柔和而非粗犷。也就是说，清水混凝土要能回应过着极其普通的日常生活以及习惯用木材和纸张的日本人心中的感性。

要做出平滑的质感，只要在混凝土中加水，提升流动性即可。但是水加太多，耐久性便会降低；如此一来，只能将混凝土尽量搅拌浓稠，并慎重地以井然有序的方式灌浆。目的很明确，也很理所当然，但难就难在达到这个“理所当然”。

首先，我向来都会彻底检查水与水泥粉的配比，以及钢筋与垫块、钢筋与钢筋之间的间隔，还有模板的精准度等基本要件。正因为最后需要靠人工操作，所以必须将技术上的问题，以具体的数字明确呈现出来。

此外，为了在灌浆后顺利拆下模板，制作模板等技术，都在不断地尝试当中，一点一滴地累积下来。但在累积经验的过程中，我清楚了解到最重要的因素，在于工地现场的工作人员是否“用心”。当沙子、沙石与混凝土的混合物，缓缓流进模板，无论工头或工人都要拿着木槌跟竹棒来回奔走，直到混凝土流过密密麻麻的钢筋，到达模板的每个角落。这时，他们对自己工作质量的高度要求，也就是“想灌出漂亮的清水混凝土”的意念，会直接表现在完成的混凝土上。

事务所开设后不久，每到工地灌浆那天，我都会加入工人的行列，一起手拿竹棒。如果有人做事马虎，我都会大声斥责甚至动手打人，以求他们尽全力做到最好。能否激发建造者对自己工作的荣誉感，也就是清水混凝土的成败，在于建筑家与施工现场工人之间是否有稳固的人际关系。

下一个时代的混凝土

依照我的清水混凝土工法，从模板的分割到螺栓、钉子的位置都包含在设计中所建造出来的，是“住吉长屋”之前一个建筑叫作“双生观”，这也是我个人的混凝土建筑基本风格得以确立。在尝试了好几个项目都失败后，很幸运地遇到某个小建造商的优秀的年轻工头，他引领我走向属于自己的清水混凝土建筑。

直到今天，这三十多年来，我仍不断和混凝土搏斗。水泥的质量随着时代进步不断提升，现在只要依循工作手册，以一般混凝土用水泥泵进行灌浆，任谁都能做出一定水平的成品。即便如此，清水混凝土的特性就是“还没拆下模板前，不知成败”。特别是国外的建筑项目，有时当地的施工人员没有谁灌过混凝土，有时也无法套用以往的技术经验。总而言之，每一次灌浆都是如临大敌，不管多么熟练还是不能大意。

今后我仍想用清水混凝土更进一步追求建筑的可能性……话虽如此，事情可没那么简单。对于21世纪全球所面对的资源、环保、能源问题，目前我们所用的工地现场灌浆技术，正逐渐失去说服力。

在现今的产业与科技社会全都以环保为主题的趋势下，本身的存在就是破坏环境而且最该负起责任的建筑业，还无法跳脱现行制

小筱邸于1984年增建的部分。具有丝绸质感般的混凝土墙面
摄影：新建筑写真部

本福寺水御堂。水泥墙面与水畔风景合而为一

度与原有技术的框架，有跟不上时代潮流之感。成本和施工上的问题等，并非轻易就能解决，即便如此，却也永远无法逃避对未来应尽的责任。

在研发层面上，目前已找出几个方向，例如回收废弃混凝土，因为它的产量占所有产业废弃物产量一半以上，将再生混凝土实际运用在建筑上。此外，为了解决工地废弃模板的问题，某些业者不再现场灌浆，而引进在工厂生产的预铸混凝土（precast concrete）；甚至预铸混凝土材料的重复使用，也已迈向系统化。总而言之，生产流程走向系统化，现场人工操作的范围也慢慢缩减，这是毫无疑问的方向。

即使我一直钻研清水混凝土建筑直到今日，我还想要积极研究下一个时代的崭新工法。然后，我想再次超越极限，找出属于我自己的混凝土风格。

注释

1 路易斯 · 康(Louis Isadore Kahn)，美国现代代表性的建筑师。建筑设计中富含哲学概念，作品坚实厚重，不表露结构功能，开创了新的流派。他在设计中成功地运用了光线的变化，是建筑设计中光影运用的开拓者。

第 6 章

断崖上的建筑，向极限挑战

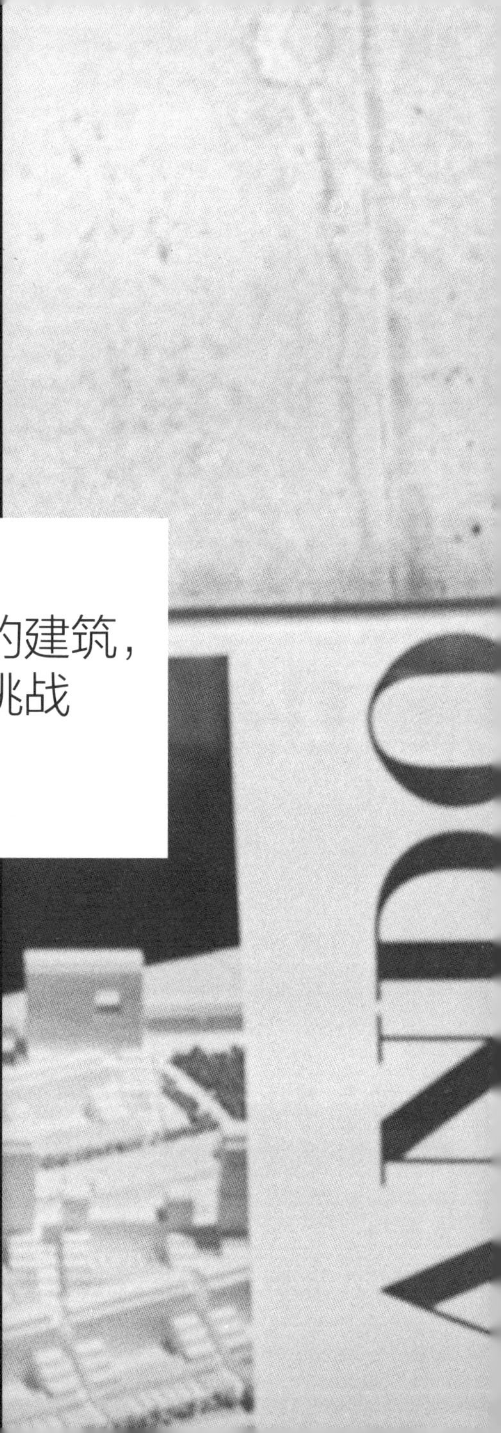

摄影：荒木经惟

现代版的山崖悬壁建筑

鸟取县三朝町三德山的山腰上，有座建在山崖悬壁上的三佛寺投入堂。所谓的山崖悬壁建筑，不是建造在平坦的地面上，而是建造在山崖上的建筑形式。京都的清水寺本堂是这类建筑的知名代表，不过就地势的险峻程度来看，还是以三佛寺投入堂为最吧！

在日本山阴地区的人迹罕至的深山里，有一座紧贴着裸露山壁凹洞的木造佛堂。最引人注目的是，架在崖壁上、长短不一的细柱，完全不依传统的建筑形式，其自由挺立的样子，更增添了它耸立在悬崖上的险峻情势。“投入堂”之名，传说是因为从前修行者将架在半空中的佛堂投往山崖而得来。这座佛堂的确是一栋和传说相当吻合的梦幻建筑。

话虽如此，为何它非得盖在这种地方呢？一种比较确切的说法是，这是日本人对自然的“精灵崇拜”（animism），即山岳信仰的表现。修行者日日精进修行，在丰富的自然环境所造就的凹洞里，想必更能探索出贴近精神世界的窍门。

不过，我对这个说法的延伸解读是，在那样险峻的地方，让人甘冒生命危险去建造，其原点应该还是人类纯粹的挑战心吧！那就是在似乎完全拒绝建筑物进驻的严峻自然中，想尽办法去建造的挑战精神。

建造在山崖悬壁上的三佛寺投入堂

1983年完成“六甲集合住宅”时，某杂志的报道以“现代版的山崖悬壁建筑”作为标题。我在负责这个建筑项目的设计过程中，并没有余力去想到这座深山里的古老建筑，但是被这么一讲，我也感到两者之间确实有点关系。我接下六甲山这个建筑项目，正是因为我被山坡地的难度所吸引，从而被激发出了内在的挑战精神。

在那样险峻的地方，
让人甘冒生命危险去建造，
其原点应该还是
人类纯粹的挑战心吧！
那就是在似乎完全拒绝
建筑物进驻的严峻自然中，
想尽办法去建造的
挑战精神。

无路可退的建筑

我在1978年春天接到这样一个请托："我正计划要在六甲山麓上盖集合住宅，希望找你来商量看看。"

当初呈现在我眼前的建地，是在山腰上已经整顿成住宅建地的土地。业主站在建地前对我说："我想在这里盖间六十坪左右的……"当时我却被平地背后那片陡峭的斜坡强烈吸引。话说到一半，我问："后面的山壁要怎么办？"业主说："反正那儿是没法盖的，只能当作挡土壁用吧！"

的确，要在倾斜度为六十的山坡地上盖房子是极为困难的事。但若能突破困难，应该会是一个视野绝佳的居住环境。当时我在心中已经决定，要来盖个山坡地上的集合住宅。

我想让悬崖变成建筑用地……

对于建筑家天马行空的提案，业主感到不知所措。不过，不知是否屈服于我执拗的脾气，业主最后还是答应了在山坡地上盖房子的提案。

象征"二战"后日本都市开发的风景之一的就是将自然景观移

六甲集合住宅素描图

除，将其分成带状的样貌。不论是东京、大阪还是神户，在经济高速发展期间，只追求经济效益而造成的不问合理性的景象，没有人追究它的是非。

但是，人们开始居住在接连不断开发的新兴住宅区，五年、十年……随着岁月的累积，问题也慢慢地浮现。因为是新兴开发地区，没有任何历史与岁月的记忆也是无可奈何的，但是，在因一味盖着造型相同的楼房而形成的建筑景观中，该如何才能打造出属于自己的小区家园呢？着手进行“六甲集合住宅”设计时，正是日本社会全体对于所谓的住宅，开始寻求质量而非数量的时期。

当时我思考的是："如何建造出只有在神户这个地方才能兴建的建筑。"大阪到神户一带，南由濑户内海往大阪湾伸展，北依六甲群峰，被山与海环抱，土地呈东西向且细长。其间有七条河流流贯，是风水学上的绝佳宝地。这块六甲山脚上的山坡地，背靠苍翠的群山，面向的则是南方一望无际的碧海，不是该好好善用的绝佳地点吗？

其实，我利用地形兴建集合住宅的构想，并不是此时才出现。1976年，亦即六甲集合住宅第一期完工的七年前，我在民营铁路公司沿线的六甲站往东两站的"冈本"地区，负责设计过利用山坡地规划的小规模公寓住宅建筑项目。这项名为"冈本Housing"的建筑项目虽然没有办法完成，但却好像沉淀在我的思绪深处，当我造访六甲建地的瞬间，就在心中描绘出一个具体的概念。

法规的阻碍

虽然我是抱着一股“要在全球集合住宅史上留名”的雄心来面对“六甲集合住宅”建筑项目的，可是当设计的想法进入现实阶段，首先就面临法规的大考验。

具体来说，就是第一类住宅专用地的高度限制问题。如果是配合建地坡面往上建造，自然得设计成十层楼高的建筑，但是法规上只允许高度在十米内。

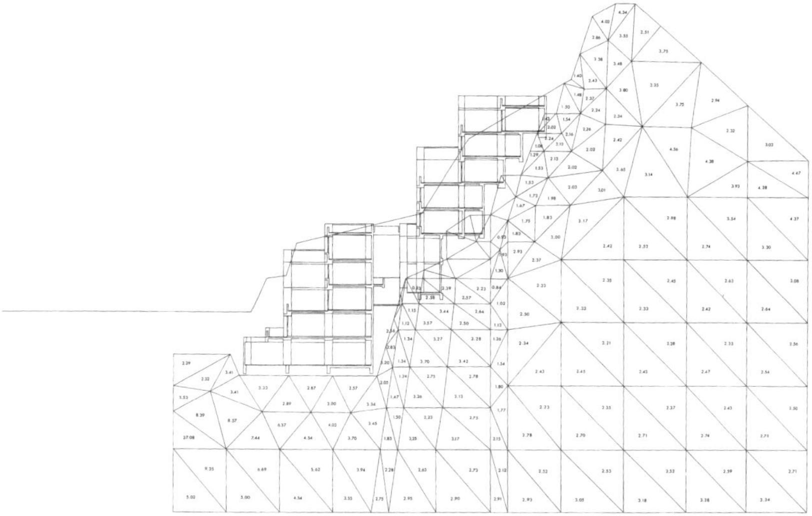

六甲集合住宅第一期剖面图

不过，这项高度限制原是针对规范的建筑用地上的建筑，是为了调整都市土地利用与保护环境所制定的都市计划建筑标准。而六甲建筑项目就算实际上有十层楼，在我的设计里，也会配合山坡地将建筑体嵌入自然环境里，所以绝对不会有破坏景观、危害到其他地方的问题。因此，在遵守法规的前提下，为了盖出符合自己理想的建筑，我想出了一套说明的理论：“以建筑本体最底层作为测量高度的基准，即使是十层楼建筑体，随着坡面每增高三米，基准线也会跟着增高，如此一来，就可以将高度控制在建筑基准法所规定的十米以下。”以此去和政府单位进行沟通。

负责的官员起初面有难色，在我方仔细说明对法规的释义后，审批出乎意外地顺利进行。当时对我而言，可是用尽了心思，付出了最大的努力想要来建造，想必因此得到了政府单位的理解。

条件严苛的建筑

对于这个我首次获得实现机会的集合住宅计划，我定下了两个设计目标：一是打造居住面积或隔间都完全不同的多元建筑平面，另一个是在小区内引进有如巷弄般亲密的人性化公共空间，再尽全力将山坡地的特性运用在建筑结构上。

六甲集合住宅第一期草图

要将此想法落实到具体实物上，我的做法是将不论平面形状或剖面形状都不规则的自然地形，套用同样的框架结构。将规则的形状套进不规则的地理环境中，必然产生立体上的差距。连接此差距所产生的空隙，设计成公共空间，将各种各样的独立住宅连接起来。

我设计的是让下层住户的屋顶当上层住户的阳台等，那是独栋住宅无法享有、因群居而拥有的丰富形态。

说起来简单，要做的是利用单纯的立体框架来创造出丰富的住户空间，并利用空隙做出富有变化的公共空间，实际上这并不容易。在构想成形之前，我研读了很多案例，也试做了许多模型。

设计中最关键的地质分析，我利用1978年才刚引进的计算机来进行。实际上，若没有能够迅速处理庞大数据的新科技，我们几乎无法分析复杂的岩磐承载力。我们年轻时，做建筑结构分析，是拿着量尺量，用笔算，后来才出现了性能优异的计算器，接着则是引进计算机来工作。

前面提到过这项建筑项目是“现代版的山崖悬壁建筑”，我们不只是效仿在崖面上造屋的方式，而是善用新时代建筑技术的精髓，在最严苛的条件下完成建造。

以命相搏的工程

过了严苛的法规审核关，集合住宅的不规则结构设计方案与建设成本，也总算取得了业主的同意，在进入施工阶段之际，却遭遇到最大的瓶颈：由于施工条件太恶劣，找不到愿意承包的单位。因为一旦处理不善，施工地点极可能引发泥石流，这种危险性让大型建设公司踌躇不前。最后，愿意承接工程的是当地一家小规模建筑商，接下这个项目的营收，占了该公司全年总收入的一半。

六甲集合住宅第一期施工风景

因为是小公司，员工也都很年轻，负责工地现场的两个人都是二十六岁上下、进公司七年左右的青年。而我们建筑事务所也是由两个二十七八岁的年轻员工到现场负责设计监工。面对这项危险的工程任务，任谁都无法做到准备得万无一失，但他们身上有的是年轻人的热情与初生牛犊不畏虎的勇气。大家抱着“事到如今，只有放手一搏了”的态度，便开始动工了。那一年我四十岁。

工程一开始便是生死攸关。丈量当天，因为人手不足，我们也下去帮忙，亲自爬上山坡地，站在六十度的大斜坡上，那种陡峭真是超乎想象。我还清楚地记得当时我们一边冒冷汗，一边紧握绳索的情景。

年轻的工程团队或许不知恐惧，毫无不安地进行挖掘工程。挖掘到建地上下形成三十五米高的落差时，惊险程度简直令人不敢直视。就在这有如地狱般的险恶状况下，工人们进行着他们的工作。

施工初期，特别是一开始，我特别担心下雨天时峭壁是否会崩塌，心情常常忐忑不安。但和年轻的监工们在一起，看到工程顺利进行，心中的不安慢慢消退。因为年轻、经验少，他们在施工前总是费尽心思研究，做最充分的准备；比起只凭点经验却不认真研究的老监工，他们显得更实在也更可靠。

直到完工为止，每天总是非常紧张，工程也确实无误地按照进度完成了。现在，我还是认为，这个年轻团队或许是这个建筑项目得以成功的关键。

在倾斜度为六十的斜坡上兴建完成的六甲集合住宅第一期

运用依坡重叠的建筑单元体之间的高度差，创造出具深度阴影的空间
摄影：白鸟美雄

集合式住宅的理想，柯布西耶的构想力

现代主义萌生于20世纪20年代的西欧社会，其划时代的创举在于，建筑家——过去为贵族阶级而存在的艺术家——终于得以自主地向社会提出个人的创作诉求。

“建筑物是为谁而建？社会现在的需求如何？”

这种思考自然地引出了平价住宅（为平民大众兴建的集合式住宅）这个主题。当时工业化社会的来临，急速地带动了都市化，导致都市陷入一片混乱，人们受困在恶劣的居住环境之中。如何疏导过度密集的居民区，并以较低价格提供卫生的居住环境，是当时社会的当务之急。

于是，建筑家为了满足新时代的需求，以新的都市居住形态为主题，尝试提出许多的构想。其中，最受争议的当属柯布西耶的集合住宅系列。在1965年首次旅游西欧的途中，我造访了他在马赛所建造的第一个集合住宅作品。

游历各国后，我在南法的马赛等待MM线运输船抵达的十余天里，每天都去看这个建筑作品，对我而言，那似乎是这趟西欧建筑之旅的总结。

柯布西耶的集合住宅，集合住宅顶楼的室外游泳池
摄影：二川幸夫/GA photographers

如柯布西耶所说，这座集合住宅是当作都市的居住单位而设计的、一个“都市中的都市”，也是柯布西耶在都市这主题上连连失败后，首度实现梦想的纪念之作。

钢筋混凝土结构、十八层楼高的板状高楼，从单身到十人大家庭，总共容纳了23种类型、337户住户，全都是跃层住宅形态。将这些住宅以立体组合的方式巧妙地收纳到单纯的“箱子”里，这种建筑结构相当出色，但更令我感动的是各式各样大胆设置的公共空间。

地上一楼是由粗柱支撑起上层结构的挑空式楼层，住户和附近居民都能自由进出；最高楼层设有托儿所，其下是幼儿园，加上顶楼的游泳池、室内体育馆、日光浴室等公共设施，形成了顶楼空中庭园。住户楼层内还有餐厅、美容院等商店毗邻。

简而言之，在一个集合住宅中，包含了足以孕育一条街市和生活共同体所必备的生活要素。在那里，不仅具备以量的供给为目的的优点，还明确显示出唯有群居才能享受的丰富感。

当然，这栋建筑所发挥的机能未必完全如设计者构想的，但是柯布西耶个人的构想以具体的结构实际呈现出来，还有他面对社会的力量、从零构想出空间里的力量，令我深受感动。

在那里，我看到了一位建筑家应有的姿态。

在一个集合住宅中，包含了足以孕育一条街市和生活共同体所必备的生活要素。在那里，不仅具备以量的供给为目的的经济优点，还明确显示出唯有群居才能享受的丰富感。

第二次的挑战，六甲集合住宅第二期的开端

六甲集合住宅设计的理念是：活用地形的结构，规划出类似日本传统小巷般的公共空间，让其贯穿整个小区。上述构想通过阶梯式交叠的阳台与将各处凸出部分作为主要阶梯通道的设计而得以实现，应该算是达到预期的效果。

原本期待阳台可以创造出类似希腊原住民部落的日常性的户外生活方式，但实际上，住户并没有以我所想的方式去使用；规划成二十户住宅核心的阶梯广场，也没有被积极利用。

被揶揄成“经济动物”的日本人，其生活习惯和建筑家理想中的住户形象之间是有差距的。话虽如此，只要有机会，我深切盼望下次要盖出更有意思的集合住宅。随着一个建筑计划逐步接近完工，我对集合住宅这个主题的意识，比从前更加深刻与强烈。

“还想有下次”的念头竟很快就得以实现。1983年，在六甲集合住宅完成之前，我接到一个像是开玩笑的委托：“我想在旁边的建地上盖一栋同样的集合式住宅，不知是否可以帮忙构思一下基本设计？”这个完全不同的业主对旁边的土地上慢慢筑起挡土墙般的集合住宅产生兴趣，所以想着：“反正无论怎样都必须建挡土墙避免落石塌方，那不如在我的地上也盖集合住宅吧！”就出于这样的考虑，才

找上我了。

本来我觉得此人真是疯狂，但这个人正是三洋电机董事长井植敏先生的胞弟。后来在兴建淡路岛本福寺水御堂时，井植董事长身为“信众”代表，自始至终都很支持我，我们相交的时间甚长，但初次结缘就是因为这个“六甲集合住宅第二期”设计。

“六甲集合住宅第二期”的建地和建筑项目 I 一样都是大斜坡，但面积大了将近四倍，建筑物的楼板面积也增加了将近五倍，整个设计规模明显扩大了许多。

在同一地点以更充裕的条件再度兴建集合住宅，这样的机会简直前所未有。

“这次我想积极地规划游泳池、健身运动设施等有实质功能的公共设施……因为规模大，我想将住户之间的小路空间设计得更复杂、更有趣……可否将阳台的一部分当作绿化园地，呈现梯形空中花园的效果？”

“一个建筑家难得有机会在同一个地点，以集合住宅这种普遍的主题来兴建两栋建筑，因此要让这两栋建筑物之间产生更积极的关联……”

各种设想在我脑海中不断涌现。

因为是紧临同一个系统旁的建筑，所以在结构、设计等方面，我想以先前的设计方案作为基础。话虽如此，我不想只是做简单的复制，盖成规模扩大的无聊作品。我想在建筑规模扩大这一点上做最大的运用，追求上回未完成的课题，希望盖出一栋贯彻自己理念的建筑。

我在脑海中勾勒出一个画面：以六甲山丰饶的绿意做背景，而仿佛埋藏在大自然里的钢筋混凝土建筑，就像是在自然中逐渐繁衍的情境。

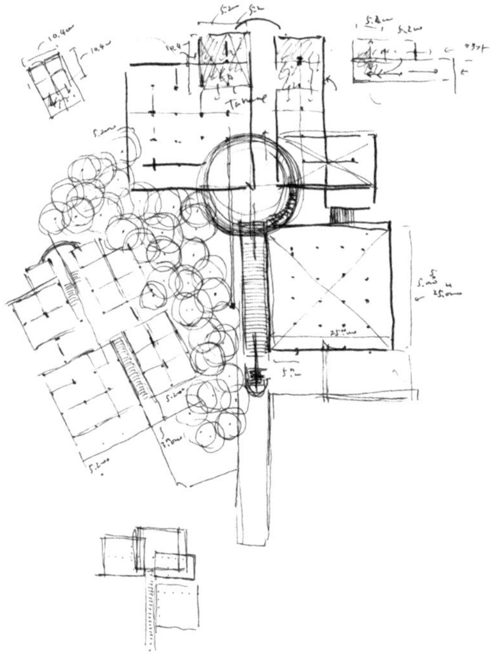

六甲集合住宅第二期素描图

六甲集合住宅模型
摄影：大桥富夫

把最好的地点留给公共空间

“六甲集合住宅第二期”最重要的设计课题是充实公共空间。首先，以建地的山谷走向为轴，将混凝土框架组成的三大立体区块错落地配置方位，在这之间产生的空隙，作为各栋建筑串联主要公共空间的平台，形成露天的大型阶梯。

走下阶梯就是建筑群的入口，在这里设置儿童公园；阶梯中间处则是一座扇形的开放阳台，旁边是半露天的广场。广场上方的楼层规划成前方有玻璃落地窗，越过绿色植栽就可以眺望神户街景的游泳池等健身空间。走到阶梯最上层时，眼前则是一大片绿化庭园。不管哪个公共空间，我都想安排在建地中视野最好、阳光最充足、最容易聚集人群之处，也就是建筑物中条件最好的地点。

同时，为了借由第二期的建设来提升第一期的环境，我在第二期的建地里规划了两大建筑群共有的绿地公园。

跟各住户的空间相较，我将更多心力投注在充实公共空间上，这和一般设计者的想法正好相反。起初，对于我规划的公共空间所占比例之高这点，业主也面有难色地表示：“是不是太浪费了？”我则用“设备总会变得老旧，但建筑结构的概念却能历久不衰。就长远来看，这种建筑才是真正有质感和价值的建筑……”等理由说明，经过一番折中，业主终于不再坚持，大致同意了这个设计案。

“真的办得到吗？”我半信半疑地着手，却意外地顺利完成设计，谁知在相关行政部门审核时，设计案却被喊停。上次的建筑项目已经突破了高度方面的限制，这次却过不了关。我按照前例，用两层楼建筑在坡面上渐层式建造的说法，企图在高度限制上闯关，但就是不被接受。持续进行多次协商直到申请通过为止，竟然花了五年时光。之后找建设公司、开始动工到完工，又花上五年。从着手设计到完工，整整花了十年的岁月，“六甲集合住宅第二期”终于完成了。

无止境的建筑

从二十八岁白手起家成立建筑设计事务所起，我就抱持着“工作不是等人上门委托，而是自己找来的”这种想法，因此在同一地点兴建两栋集合住宅的同时，不可能不去想第三个设计案。

1991年，第二期兴建时，我注意到建地后方的神户制钢员工宿舍。性急的我在朋友的引介下，立刻约了神户制钢的董事长谈我的构想——改建老旧的员工宿舍，将其与六甲集合住宅第一、二期连接成山坡地集合住宅。结果也不是很意外，对方很慎重地回绝了。不过，在我心中，这个兴建计划当时已经算是开始了。

虽然这是没有业主请托下擅自进行的规划，但我还是找到了自己的课题。那就是运用事先在工厂组合好建材的预铸工法（PC-Prefabrication）新技术，来压低成本。建于山坡地带高级住宅区的六甲集合住宅第一、二期，是出售型集合住宅，而非租赁式住宅，加上大型建造工程所需的建地条件以及户数少等因素（第一期只有二十户，第二期有五十户），与一般日本住宅相较，售价绝不便宜。实际上，这里有半数的居住者是外国人，从这点看来，第一、二期和我原本所构思的一般日本集合住宅的样式相去甚远。

因此，第三期仍是贯彻群居之丰富面向这项主题，然后在有限

“六甲集合住宅第二期” 前门通道的大型阶梯
摄影：松冈满男

的成本条件下，挑战不同于第一、二期的新课题。我绞尽脑汁研究技术、成本上的问题，设计好几种规模不等的模型，最后整合第一、二、三期成一个镇。最后，我的想象膨胀到将造镇环境都已经考虑齐备，这时，对方的态度也开始慢慢软化，但这个提案仍是没有实现的可能。

然而，发生在1995年1月17日的阪神淡路大地震却带来了转机。在地震中，员工宿舍本身虽没有受到很大的破坏，但设备却几乎无法使用。当神户制钢思考对策时，他们想到了那个不经委托就擅自勾勒设计蓝图的我，于是正式把这项工程委托于我。虽然建筑物的使用方式有所不同，但因为我事先早已研拟好假想的概念图，项目很快就展开实施了。当场调整设计图、完成法规方面的相关的建筑申请手续，三个月后正式动工。因为这个建筑项目不是一般单纯的不动产建设工程，而是具有灾后重建的意义，因此我优先考虑的就是速度。

建筑物中心的半户外式广场（六甲集合住宅第二期）
摄影：松冈满男

顶楼的绿化（六甲集合住宅第二期）
摄影：松冈满男

神户街景一览无遗（六甲集合住宅第二期）
摄影：松冈满男

附设一个游泳池的健身空间（六甲集合住宅第二期）
摄影：松冈满男

群居的丰富感

日本人有个特性，就是异常强烈地希望拥有自己的土地与住宅。所以，除非经济上的考虑，没有日本人会选择居住土地所有权是由住户共同持有、平分的集合式住宅。

整排老旧长屋中密集的巷弄空间里有着浓厚的人情味，而都市近郊的集合住宅小区则显得枯燥无味，将两者相比，何者的生活内容比较丰饶呢？答案很清楚。问题就在于，集合式住宅无法提供群居的丰富样貌，以及人们对这种集合住宅所抱持的偏见——住户不愿理解聚居的好处。

现代社会家庭结构变小，而且现代的人们普遍变得对他人缺乏关心，所以我认为将独立的家庭聚集在一起共同居住，借此获得放心感、安全感等精神上的价值，应该也是很重要的吧！集合式住宅的公共空间，在这方面能够发挥多大的功能呢？公共空间有管理上的问题，因此要在此促成社区交流并非一朝一夕之事，但住户们在一起共度时光的过程中，社区意识应该也能逐渐形成。

目前六甲的第四个建筑设计案的工程也开始进行了。走过二十年，但愿能够继续通过现代建筑，编织山坡地上的群居风景，至今我仍是如此梦想着。

六甲集合住宅第一、二、三期
摄影：松冈满男

第 7 章

以持续之力培育建筑

摄影：荒木经惟

日落休馆

20世纪90年代末期，滋贺县一座农业公园内盖了一间小小的“红帽织田广喜美术馆”，展示着画家织田广喜的作品。

美术馆建筑概念源自一张拍摄于第二次世界大战后不久，画家与他的家人合影的生活照。

画家自己利用废弃的材料盖了一个没水电、煤气的俭朴小屋。在阴暗之中，过着日出时专心作画、日落后就寝的生活。而他的家人也同画家一起过着这种严谨、健康的日子。

正因为是这样一位画家的作品，所以我想把相片中的情景忠实保留下来。结果诞生了这个完全不使用人工照明灯具，只有自然光线的美术馆构想。

如果以保护作品为优先考虑，展览室应当采用统一管理的人工环境。但那也意味着会把作品标本化，使其呈现假死状态，某种程度上不能赋予作品“生命力”。

如果让作品更接近大自然，画作可能也会和人一样衰老，但也许正因为寿命有限，画作才会是“有生命”的吧！或许找不到标准答案，但我认为至少对织田广喜的作品而言，把这样的美术馆当成画作最后的栖身之所是很相称的。

美术馆建在被农业公园盎然绿意包围的池畔，有着缓缓的圆弧形。展览室设在面向池面的玻璃回廊后方，采光仅靠沿壁凿设的天窗。随着季节或时间变换，光线会变化，展示空间以及作品的“表情”也会随之改变。这座与自然相呼应的美术馆，休馆时间就在日落时分。

只靠自然光线采光的美术馆。织田广喜美术馆（现名为“布鲁梅之丘美术馆”）
摄影：大桥富夫

随着光影的变化，作品的欣赏方式也会跟着改变（织田广喜美术馆）
摄影：松冈满男

从原点反思

当我面对新的建筑设计案时，总会意识到："这个建筑为何而建？"回到原点、原理上去思考，如此才能不被既有观念束缚，洞悉事物背后的本质，在寻找内心答案的过程中，"日落休馆"这样的设计概念才会产生。

但是这种激进的态度，却经常和社会发生冲突、摩擦，在建筑的世界里，尤其令我印象深刻的就是公共建设的项目。

我接触与公共建设相关的工程是入行二十年后、大约90年代初期。在那之前，对主要接市中心的小型住宅、商业建筑设计案的我而言，能够去设计地理位置优越、规模更大且与文化事业相关的公共建筑，是很大的挑战，让我干劲十足。但是实际参与后，我却发现与建筑主题毫无关联的完全不同层次的问题。

这些问题就出在政府单位那种只讲因循守旧、想办法规避风险、只求平稳过关就好的消极态度上。

为了迎合未来的不知名的使用者而处处设限，这样做不行，那样也不行。因为没有好好把握住"到底为什么而建"的根本思想，当然无法产生自由、弹性的创意，无法做到像配合美术馆馆藏的特色而改变设计方案，灵活地去设计建造。

在公共设施建筑项目当中，为了建造心中所想的公共建筑、将地理环境作最大的发挥，创造出有独特个性的建筑，有时候建筑家必须从前期规划阶段就开始参与。

例如，“兵库县立儿童馆”，将建筑解放在丰富的自然环境中，充分利用每一分建地，来营造出一个可以让小朋友自由学习、玩耍的“庭园”。“大阪府立近飞鸟博物馆”在四周处处是古坟遗迹的历史环境下，设计的第一考虑就是，如何与周遭的环境对话，所以将建筑物的顶楼全部设计成阶梯广场。而作为阪神淡路大地震灾后复兴计划的象征：神户市滨海再开发地区，则设计成打破县市界限，一体化的水畔艺术公园，里面包括了“兵库县立美术馆”及“神户市亲水广场”。不论哪一项规划案，项目的工作核心都在于建筑成形之前，那段与法规制度协调的时间。

不过，公共建筑真正要面对的问题是在建筑设施完成之后的岁月。建筑设施如何运营、是否与当地居民的生活息息相关，也就是这个“箱子”到底要如何去使用。

泡沫经济崩溃以来，公共建设经常被视为“黑箱作业”与地方自治绩效不彰的象征。这一点，建筑家也有责任。一个建筑的兴建，会产生怎样的可能性？如果能从计划初期，就更积极地让制造“箱子”的人与使用“箱子”的人、软件与硬件之间进行对话，至少不会发生

公共建筑真正要面对的问题
是在建筑设施完成之后的岁月。
建筑设施如何运营、
是否与当地居民的生活息息相关，
也就是这个『箱子』到底要如何去使用。

建筑物的屋顶做成阶梯式广场的大阪府立近飞鸟博物馆
摄影：野中昭夫

连当地居民都不知道有公共设施存在的情形吧!

我也一直认为:建筑家应对自己设计过的建筑负责,只要建筑物还存在,就该对它负责。如在“近飞鸟博物馆”和“狭山池博物馆”,为兼具整备环境与活化城镇之功效,我策划了由当地居民在建筑物四周亲手种植梅花和樱花的植树活动;又例如“淡路梦舞台”,自落成以来,我每年都会召集曾参与过建设工程的相关人士,举办一年一度、数百人的“同学会”。最初是为了吸引参观者,并当作自发性维护建筑物的机会而发起的。

我也做过其他努力,例如提议在美术馆设置介绍该建筑物兴建过程的展示区等,但是,建筑物的运营到底是比建造建筑物还困难的,因为建筑物的运营需要投入长久的时间,更需要坚持不懈的意志力。

就这个意义上看,我感到最有可能性的,就是香川县一个叫作“直岛”的小岛,那里从80年代末期,便持续进行艺术建设计划。

因文化重生的岛屿

直岛一连串的兴建计划是由贝乐思企业（Benesse Corporation，原福武书店）策划、运营的。

刚开始是在二十年前，当时担任社长的福武总一郎先生突然来找我：“想为直岛的小朋友兴建一座露营场地，希望请你来担任监督。”老实说，当时我觉得这是个不可行的计划。由于它是个离岛，交通很不便利，而且当时的直岛长期受金属冶炼产业影响，自然环境明显荒芜，人口流失严重，所以就算想客气一点说，那里也算不上是有魅力的地点。

尽管如此，福武社长的决心丝毫不动摇。在开始进行露营区第二期工程时，他构想出一个雄伟、宏大的目标，那就是要推动直岛发展成融合艺术与自然的地方，最终是要让这个人口流失的小岛以文化之岛的姿态重生。我被他伟大的构想与坚强的意志所感动，于是决定要用心参与这个策划。

第一个建筑设计案是“贝乐思之屋美术馆”（Benesse Housing Museum），这是一个在当时世界上相当罕见的，附设住房设施的“留宿型”美术馆。

造在地下的贝乐思之屋美术馆
摄影：松冈满男

运用地形的高低落差，将光线导入地下（贝乐思之屋美术馆）
摄影：二川幸夫/GA photographers

我选择在岛屿南端的一处三面临海、风景绝佳的岬角地盖美术馆。为避免破坏风景，我构想的是沿着地形而如同被掩埋的建筑。

到美术馆需要乘船渡海。从码头望向美术馆时，由于建筑物一半是埋藏在地下，所以看不见。不过，建筑物内部，却满溢着从地面开口穿透进来的阳光；面海一侧的阳台则采用与室内“连成一气”的自然形式，可以从各种角度尽览濑户内海。

展示空间也不只限于美术馆内。从走向美术馆途中的绿地广场到码头，一直延伸至沙滩，整个建地范围都是艺术的展示空间。在一连串内外交互组合变化的丰富场景之中，刺激感官的艺术作品时而出

布鲁斯·瑙曼[1]的作品《生死100》（贝乐思之屋美术馆）
摄影：筒口直弘

现、时而消失，这就是美术馆自然开放的形象。

因为是国家公园内的土地，所以有法规上的限制，加上在离岛兴建工程的困难等，问题一一解决后，“贝乐思之屋美术馆”在1992年落成了。虽然这代表着建设过程的“结束”，但同时也是没有展览室的美术馆，要收藏艺术作品这种新的建筑过程的“开始”。

如果只是购买作品来展示，是无法成为我们理想中超越“境界”的美术馆的。直岛项目的艺术总监解读了建筑物内外所有空间的可能性，选择逐渐构筑艺术与建筑、艺术与自然之间的紧张关系。

在不断尝试与失败之中，有理查德·朗[2]以濑户内海的漂流木作为题材创作的装置艺术，在旧码头上有与濑户内海的海景相呼应的草间弥生的作品“南瓜”等。艺术家们造访此地，配合直岛的气氛发挥创意；有时候附近居民也会协助创作作品，形成了只有直岛才有的艺术风格。

还有库奈利斯[3]利用铅卷集合体覆盖玻璃窗的作品、杉本博司[4]利用阳台墙面创作的“Time Exposed”等等，本来不会当作展示空间的地方，突然出现艺术作品，这些创举让身为建筑家的我，甚至感到有点“可怕”!

但是，正因为有这些挑战建筑及场地的艺术创作，空间的质感骤然一变，自然的海景看起来也更为鲜明、强烈。

配合艺术活动的开展，建筑也跟着“成长”了起来。1995年，在比美术馆更高的山丘上，兴建了一栋拥有椭圆形水池的住房设施“蛋白石”（Opal）作为别馆。这虽是计划外的增建项目，但我认为时间上的差距，反而将建筑的发展自然衔接上了。伴随着时间的流逝，茂盛的绿树将会点缀四周的环境。吸收了建筑与艺术、自然间冲突的能量，美术馆的确与环境一起呼吸了。

两年后的1997年，贝乐思之屋美术馆的艺术策划项目超出了美术馆本省的框架，开始往整个岛上的地区发展。那就是距离美术馆约三千米外的、离岛另一面的地区所开展的“民居策划项目”。

那里矗立着自江户时代到明治时代所建造的民宅，此区在直岛也算是老社区，今后要加入现代艺术的网络，这个大胆又刺激的尝试，除了带来艺术趣味，同时也让人口不断流失、高龄化与空屋明显增多的老街，找回新的活力与未来的希望。在以现代艺术之姿重生的民居前，开始出现老人与年轻人的对话。如果留心四周，可以发现当地居民面带微笑接待访客们的景象，已成为稀松平常之事了。

受到“民居策划项目”的刺激，居民们找回了对自己住宅的自信与骄傲，开始主动想把自己周遭环境弄得更美观，于是有人在大门挂上门帘，有人插上鲜花……福武先生希望以文化为基底，让直岛重生的梦想，终于以现代艺术带动社区再造的形式实现了。

安藤与詹姆斯 · 特瑞尔[5]共同策划下推出的“民居策划项目” 第二件作品“南寺” 之外观
摄影：筒口直弘

地中美术馆

在直岛这座仅有三千五百人的无名小岛，蜕变成驰名海内外的艺术圣地之际，岛上又诞生了一座新美术馆，此即2004年落成的“地中美术馆”。不论是对福武先生，还是对一路共事的艺术总监，甚至对我自己而言，它都代表一个阶段性指标的策划项目完成。

相对于“贝乐思之屋美术馆”是先有建筑物，艺术品在偶然的机会下介入，进而孕育出艺术空间，地中美术馆在一开始就规划好要将莫奈[6]、詹姆斯·特瑞尔以及沃尔特·德·玛利亚[7]三位艺术家的作品作为永久展示。在艺术总监以及艺术家的协助下，身为建筑家的我被期待扮演第四位艺术家的角色，设计出最适合各个艺术作品展示的空间，再进一步设计出既能包容作品又能独立存在的建筑物。

就整体概念而言，我提出将“贝乐思之屋美术馆”的“与地形一体化的建筑”概念再加以纯粹化，以创造一个在地底下立体展开的“黑暗空间”。靠着来自头上微弱光线的引导，慢慢进入地下的黑暗空间后，眼前突然出现包围在特瑞尔、德玛利亚、莫奈三位艺术家作品之中的“光之空间”——我构思的是一座从外面完全看不到建筑外形的地下建筑体。

这个项目虽然是我在1999年接下并开始设计的，但地下建筑体的构想，其实早在二十多年前我刚从事建筑设计时，就一直在内心勾勒着。“地下空间的运用”这个主题尽管是现代建筑上的重要课题，但现实是，在考虑技术能力之前，经济因素就往往很难为人所接受了。像1985年的“涩谷策划项目”、1998年的“中之岛策划项目”、1994年的“大谷地下剧场策划项目”等等，我所尝试过的建造地下建筑提案，全都在无法实现的状况下收场。所以，地中美术馆包含了我这几十年来的抱负。

因为是埋藏于地下的隐形美术馆，地面上的形态问题就没有意义。对于包括我自己在内的任何一位创作者来说，这个追求极致艺术空间的策划项目，是拨动人心的挑战。自从计划启动，我们就一直积极地做各种研究。

地中美术馆的入门通道。墙壁些微的倾斜产生出一股紧张感
摄影：筒口直弘

但是，负责规划整体架构的建筑家，以及从自己的作品出发来想象艺术空间的艺术家，两者之间当然会产生对立与摩擦。地中美术馆历经数年的策划，在空间的规模、比例等问题上，我和特瑞尔、德·玛利亚之间常常意见相左。

美术总监站在负责协调这两者的中间立场，他从未用压抑各个创作者的个性来协调；相反地，是让不同的个性相互刺激、以求共生的方式来引导这个项目的进行。最后这个没有妥协的跨行业合作项目的成果就是，完成后的地中美术馆内那满溢活力的三大艺术展示空间。

在艺术超越了自然与建筑的境界，自由地取得空间的“贝乐思之屋美术馆”，如果说它承担的是直岛艺术计划里“动”的性格，那么，封闭在黑暗之中、让艺术与建筑紧张对峙的“地中美术馆”，其集约式的空间就具备了一种“静”的性格。通过地中美术馆的完成，艺术得以面对历史与自然，直岛艺术计划提供给人们一个思考的空间与一种时间的理念，显得更加强烈且富有深度。如今每年有二十多万的观光客前来参观。

自地中美术馆落成后，我在2006年又完成了木造建筑——旅馆“park/beach”，作为“贝乐思之屋美术馆”的新住宿设施。接着，在2008年，我又着手设计一个新的画廊。

就像生物繁衍一般，直岛也不断地作阶段性、持续性的成长。经过二十多年的岁月，如今我再次意识到：唯有花费如此长久的时间，

所有建筑都埋藏在地下的地中美术馆
摄影：藤冢光政

地中美术馆的三角中庭
摄影：筒口直弘

德 · 玛利亚“Time/Timeless/No Time”（地中美术馆）
摄影：筒口直弘

一边建造一边思考，或者是一边使用一边思考，经历这种永续发展的过程，才能产生真正的力量。

若制造者与使用者之间没有对话，只是一味地生产、消费新东西的社会结构，就无法创造出像直岛这种“活着”的场所。最重要的是，人们拥有经营与维护建筑物的意识，然后建筑物给予相对的回应，这是一种随着时间让建筑变得越来越有魅力的方式。

创造文化的是个人的热情

2008年举行了“东京大学情报学环·福武馆”的竣工仪式。位于东京大学本乡校区的赤门旁，在楠木树夹道中兴建的这座钢筋混凝土新校舍，建设资金完全来自福武先生捐赠。受到福武先生的委托，我也不收酬劳地接下了设计项目。

这是一栋沿着进深十五米、面宽一百米的细长建地上伸展出去的两层楼建筑，在大幅向前突出的屋檐下，设计成让学生们可以自由利用的半地下阶梯广场，在广场与内部通道交接之处，竖起一面名为

东京大学情报学环·福武馆
摄影：松冈满男

“思考墙”的长条形混凝土独立墙。兴建于各个时代下的东大校舍耸立在一片绿意盎然之中，在这个历史悠久的环境里，我构想的是能融合于四周环境之中，兼具现代与未来、古老与创新的建筑形象。

竣工仪式当天，在开幕致辞中，福武先生谈起参与兴建计划的理由："情报学环是东京大学第一个跨领域的研究所，我很想为这新知识创造据点的诞生作些捐献……日本没有捐赠的文化，所以我也希望这次的捐赠，能让这个文化更加盛行。"

维系一个自由、公平的社会，需要超越个人意识的公共精神。但在此精神下，创造出能够聚集人群、共同感受生命喜悦的空间，这才是公共建设真正的意义，不过这却不是靠国家或社会的力量能完成的。无论在哪个时代，创造并培育可以丰富每个人人生的文化，都是借着个人强烈而激昂的热情才得以推动起来的。

我希望能继续创造出有生命的“箱子”，以回报这些人的热情。

注释

1 布鲁斯·瑙曼（Bruce Nauman，1941~），美国现代艺术家，其创作活动涵盖雕刻、摄影、行为艺术、影像艺术和装置艺术等领域，极其多元。
2 理查德·朗（Richard Long，1945~），英国雕刻家、艺术家。发表了许多被归类为地景艺术的作品。
3 库奈利斯（Jannis Kounellis，1936~），以罗马为据点开展艺术活动，是代表“贫穷艺术”运动的希腊艺术家、画家、雕刻家。
4 杉本博司（Sugimoto Hiroshi，1948~），日本摄影家。以东京和纽约为活动据点。其作品有严密的主题脉络与哲学性。
5 詹姆斯·特瑞尔（James Turrell，1943~），是一位以空间和光线为创作素材的美国当代艺术家。
6 克劳德·莫奈（Claude Monet，1840~1926），法国画家，印象派代表人物和创始人之一，也是法国最重要的画家之一。
7 沃尔特·德·玛利亚（Walter De Maria，1935~），美国雕刻家、音乐家，创作过许多装置艺术作品。

第 8 章

大阪栽培出来的建筑家

摄影：荒木经惟

从大阪通勤

1996年春，东京大学专攻建筑史的铃木博之教授突然邀请我："要不要来东京大学任教呢？"一个没受过大学教育的人能在大学里教书吗？本来我应当拒绝的，但又有一股单纯的好奇心："大学是个怎样的地方？和年轻学子对话可能也会很有趣吧？"

问了家人的意见后，妻子和岳母果然都非常反对。她们嘴里虽然说着我自小就在大自然里打滚、没好好接受学校教育，长大成人后又是直接在社会上磨炼，到大学任教太不适合了，其实心里是担心我会离开我们生活的据点大阪。

的确，对像我这种一直靠地缘关系累积工作经验的建筑家，东京和大阪的距离，确实是致命的要害。还有，若成为公务员[1]，势必得放弃建筑事务所的运营一事，我也有一些不安。

最后，为犹豫不决的我打了一针强心剂的，是三得利的董事长佐治敬三先生。

"什么事都是经验。只要你有一点兴趣，那就去吧！不过唯一附带的条件就是你得从大阪通勤去东京！"

听了这句话，我终于下了决心。

佐治先生“为了让大阪的安藤不会在东京被欺负”，特地邀请了几位东京大学的教授，一起在大阪南区老字号的料亭大和屋为我饯行。还有大阪大学前校长熊谷信昭教授以及三宅一生先生、田中一光先生、中村雁治郎先生等友人，关西财经界的人士也莅临赏光。宴席中，佐治先生开玩笑说：

“这样丰盛款待之后，东大的教授们也会好好照顾你了吧！”

就这样，从1997年起，约五年的时间，我开始了大阪与东京两

2002年于东京大学制图教室
摄影：森岛一也（照片提供：*Casa Brutus*/Magazine House）

地往返的忙碌生活。在大学这个未知的世界里，和年轻学子接触，一起思索建筑的未来，对年轻时没有选择进大学念书的我而言，这五年的时间既新鲜又刺激，是超乎我想象的经验。只可惜这段新的学习体验，无法好好地向我的恩人报告。一直最疼爱我、支持我、栽培我的最伟大的赞助者佐治先生，在我开始去东京大学教书的两年后，于1999年逝世了。

建筑家与业主

建筑家当然非常希望自己所构思的能够确实得到执行，然而，执行中遇到的最大的障碍就是来自身为出资者的业主了。业主是建筑物的所有者，当然也会期待建筑设计者的所作所为都能符合自己的利益。但往往建筑家想做的事，对业主来说却是无益之事，于是两者自然发生冲突，而一般的状况就是受雇于人的建筑家最后要作妥协。

不过，这世界上还是有少数不要求回报的奇特赞助者，他们是对建筑寄予理想、愿意栽培建筑家让其施展才华的奇特之人。所谓的艺术赞助活动，在西欧早就已经制度化并扎根于社会之中了。例如，将文艺复兴时期的天才建筑家米开朗基罗推上世界舞台的是美第奇家族；而让近代奇才安东尼奥·高迪创造出巴塞罗那风景的是纺织厂老板居埃尔伯爵（Eusebi Gell）；建筑巨匠柯布西耶实现新都市建筑提案马赛公寓的过程中，得到当时的文化部部长安德烈·马尔罗的鼎力相助，也是一段逸闻。

而我也是一个非常幸运的建筑家，能遇到一些应当称之为“赞助者”的业主。建筑摄影师二川幸夫先生说过：“好的建筑之所以能完成，一半是得力于业主。”而实际上，实现我所提出的“新建筑”构想，很多时候业主是需要极大的觉悟与勇气的。所以，若说这些愿意给我机会去尝试的业主，是栽培我成为建筑家的人，一点也不为过！

不过，完全靠自修才开始接触建筑的我，一开始并没有这种人脉。不论过去或现在，都是学院派在主导着建筑界。第二次世界大战后，在许多竞赛中脱颖而出、成为日本第一位世界级建筑家、表现相当活跃的丹下健三先生，以及在1970年大阪万国博览会出色登场的丹下门生等先辈们，那些令我这一代人崇拜的建筑家，全都是学院派的少数精英。对许多年轻人来说，成为建筑家这种人生选择，是一条狭窄又险峻的路，像我这种没受过大学教育又没有任何社会背景做后盾的人，踏进这个圈子的可能性几乎是零。

大阪人的反抗精神

那么，为什么我在二十多岁时，明明知道自己处在这种绝望之中，却还能从零跨出第一步呢？或许和我与生俱来的大阪人性格有关：与其空谈理论，倒不如重视实践，凭着一股实学实做的精神去闯吧！

首先，从一开始我就清楚地知道，自己绝对无缘成为那种坐着等工作上门的精英建筑家，不如早早死心了。既然要以建筑为业，总得想办法谋生。那时我很单纯地认为，若没有工作上门，就只得自己找出可能性，自己创造工作机会！

我觉得靠父母、亲戚帮忙找工作是不会有远景的，因此打从一开始我就没想要靠家人。而且，我的个性也让我做不出向人低头讨工作的事。既然如此，就只剩靠创意求胜负一条路了。

事务所成立后的头一年，我挑战了几个建筑比赛，同时则将空余时间全部花在没有实际业主委托的建筑设计上。

例如，走在路上只要一看到空地，我就会想："如果是我，就会在这里这样盖"，"这里如果这样开窗，应该会有别致的景观"。我随心所欲地画起了草图。因为这些是没有业主的请托、擅自对他人土地进行的设计，所以当我把它们拿给土地所有者看的时候，常常会被当作骚扰，不过还是有人很感兴趣地聆听我的想法。

即使当场没有谈到合作，但对方觉得我“真是个怪人”而交起了朋友。然后，当彼此建立起信赖关系，突然有一天对方会来询问：“可以帮我设计一下吗？”在我事务所成立初期，有很多项目就是在这种情况下开始的。

面对业主，尽管我的资历尚浅，但因为对自己的建筑专业怀着自信，所以我总是一副“既然委托我来做了，除了基本的条件，希望能全权交给我来办”那种强势的态度。其实，最初我所经手的几个住宅建筑项目，几乎都是在没让业主看过设计图的情况下完成的。

把盖好的建筑物视为己有，这种想法虽然比较独断，不过同时我也会对完成后的建筑负责到底。我常利用事务所休假的日子，带着全体工作人员一家一家拜访，只要一发现建筑物的状况不理想，就立刻想办法处理。我们的这种拜访行动，往往热心、啰唆到令对方退避三舍。竣工后的售后服务，同时也是提升自己技术的学习机会，而业主们似乎也觉得：“安藤先生虽然有些地方比较强势，却不是一个完工后就撒手不管的人。”于是便也欣然地接受我们的服务。我的设计虽然很大胆，却几乎没有完工后的瑕疵问题。因此业主还会要求增建，或介绍其他项目给我，像这样带来新工作机会的例子非常多。

自己是建筑游击队员……业主需要教育——这种不客气的言行，让一般人听了，肯定会觉得我是个怪人！在建筑界，曾经有段时期，我和渡边丰和[2]、毛纲毅旷[3]两位同样住在关西、特立独行的建筑家，被称为“关西三奇人”。

1984年，于九条町屋（井筒郡）前

要找到自己想做的事，
首先只要思考如何实现这个想法。
至于现实问题如何，
稍后再想就行了。
因此，我在设计、做模型时，
除了考虑受委托的建地外，
也常将旁边土地上的建筑物
一起考虑进去。

不失去思考的自由

一步一步寻找出路、追逐梦想，这一路上，我至今最重视的，还是不失去“想盖出那种建筑”的思考自由。

如果按照被交代的条件去思考，无论如何，创意一定会受到限制；但相反地，从什么都没有的情况下自行构思、储备创意，碰到需要时，因为能够立刻采取行动，更能把握住机会。或者是把想法向社会进行精彩地推介，说不定能让业主、建筑项目主动找上门来。

我经常便是这样做的，也很幸运地遇到了一些建筑项目，例如1988年，我在北海道建造了一座水面上浮着十字架的教堂——“水之教堂”。

水之教堂的构想源自80年代中期，我在神户六甲山上建教堂时，灵光一现想到：在正对面的土地上，例如在海的边际那端盖一座教堂，应该很有意思吧？这就是“水之教堂”的灵感由来。于是自己设定一块虚构的建筑用地，然后构图、做模型，1987年春天在展览会上发布时，会场上突然有一位来宾对我说：“我想在自己的土地上盖这座教堂。”数日之后，我被这位正在北海道勇拂郡TOMAMU做度假村开发项目的业主，带到位于日高山脉西北方、中岳山脉平原上的建地参观，那里没有海，但有一条美丽的小河。

水之教堂，模型
摄影：大桥富夫

如果引河水造出一个人工湖泊，就能以更纯粹的造型来建造水上教堂——就这样，我的梦想变成真实的建筑项目了。

要找到自己想做的事，首先只要思考如何实现这个想法。至于现实问题如何，稍后再想就行了。

因此，我在设计、做模型时，除了考虑受委托的建地外，也常将旁边土地上的建筑物一起考虑进去。虽然我用模型向业主介绍时会说：“如果这里也盖起来，会更有意思！”但多半会被当作开玩笑，听过就算了。不过，就这样把球先丢出去，还是有等到“安藤先生，我决定照你设计的方式来盖”这句响应的时候。像京都的“TIME'S”还有“六甲集合住宅”，从第一期建筑完成之后，接连推出第二、三期的策划项目等，都是用这种游击队似的做法，去扩大战斗范围而找来的工作。

水面上浮着十字架的水之教堂
摄影：新建筑写真部

鲁莽的挑战

如果工作都可以这样“做出来”就太好了。当然，现实没有这么简单。有些策划项目可以幸运地得到实现的机会，但绝大多数，都是付出了很大的精力，却还看不到眉目。其中，我对大阪府提出的一连串都市计划，结果最为凄惨。

一开始是在事务所成立那年所设计的“大阪站前策划项目第一期”。在完全没有工作的状况下，想尽办法要做些什么时，说我大胆也罢，我注意到大阪车站前中高层大楼密集的景象，于是想出了将十层楼高左右的大楼顶楼一栋栋进行绿化，然后以空中通道连接，建造一座离地面三十米高、民众可以在上面行走的空中花园设计案。

我拿着这份设计图拜访了大阪市规划局局长，当时我二十八岁，是个默默无闻的年轻人，局长不但没听我说，还让我吃了闭门羹。

虽然局长没看我的设计图，但我也没泄气，“反正无法实现，干脆就尽情做些天方夜谭的设想吧！”于是在顶楼空中花园计划之外，我又把美术馆、图书馆等文化设施一起加入规划。我的构想是，都市再开发的目标，与其在已经过度密集、无法喘息的地上建设，不如朝自由的天空去规划。就这样我天马行空地去想一些点子，然后不断地做出提案，每次都是被当场拒绝。

我知道这是很鲁莽的挑战，就算结果徒劳无功，但只要持续追逐往远处投出的球，应该就不会找不到前进的方向吧！我抱着这样的心情度过每一天。

在我挑战过的设计中，于“大阪站前策划项目第一期”二十年后所企划的大阪中之岛的更新计划——“中之岛策划项目”，最令我耗费心力。

中之岛位于大阪市中心，由两条河夹抱，是全长3.75千米的沙洲。岛上除了三井、住友等企业的总公司鳞次栉比的办公大楼之外，还有中央公会堂、大阪府立中之岛图书馆、日本银行大阪分行等大阪

大阪的中之岛。是由两条河夹抱、最宽处约三百米的河中岛
摄影：上田安彦/PPS通讯社

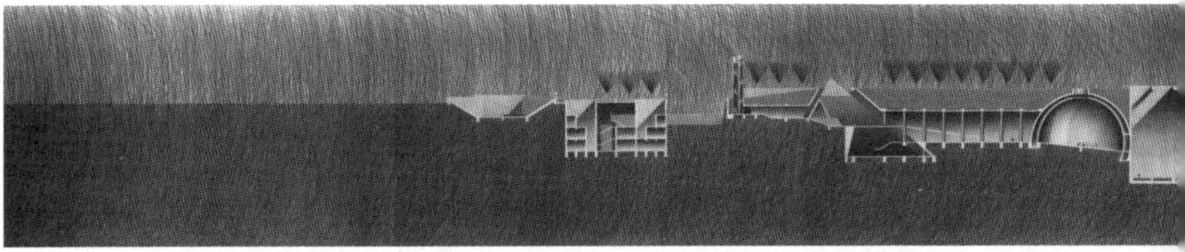

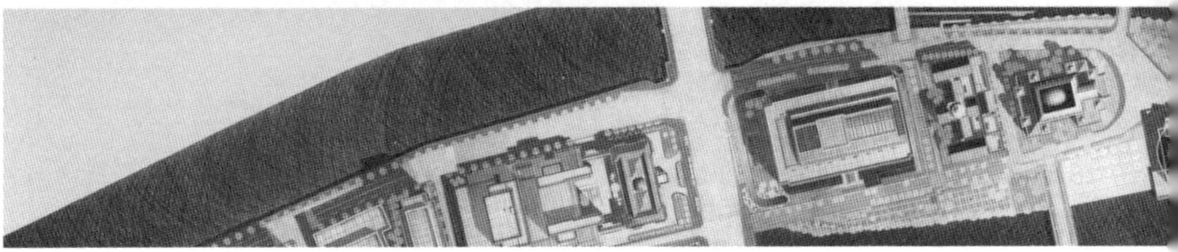

中之岛设计案“地层空间”，超过十米长的手绘图

传统文化、行政中枢的历史性建筑物集中于此地。因此从地理条件以及大阪历史角度来看，它都是非常重要的地区。把这样的中之岛西侧约一千米的范围作为规划地，我提出两个策划项目，其中之一就是中央公会堂的更新计划“都市巨蛋”（urban egg）。

1918年建造的中央公会堂在当时已经显得相当老旧，究竟该保存、重建，还是拆除，引起很多讨论。而身为建筑家的我，提出的规划是，既非保存，也非重新翻建，而是让建筑再生。

我希望尽量保持旧建筑原有的外形与魅力，但内部的大厅空间则必须根据现代人的需求作改变。

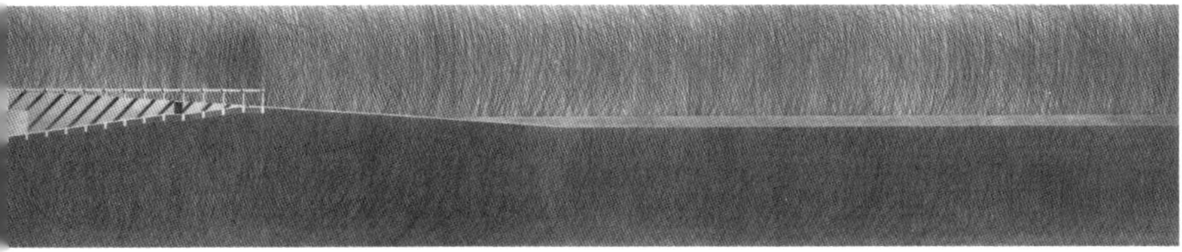

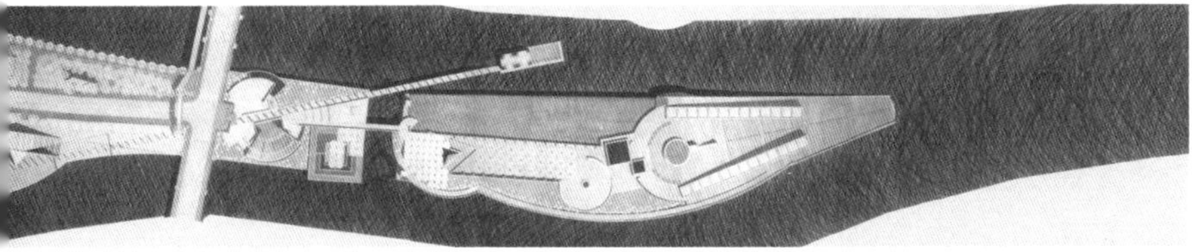

针对这两个相反的主题，我所提出的方案是，保留既有建筑物的外壳，在内部安插一个蛋形大厅。先将内部地板拆除，形成一个大房间，再放进独立的结构个体，如此一来，包括内部墙面装饰在内，整个建筑物所刻画出来的历史记忆就不会被破坏，并且能注入新的生命力。

虽然是个很大胆的提案，但在结构技术上，经验证实是可行的。

另一个策划项目“地层空间”，则是涵盖“都市巨蛋”，将整个中之岛规划成一大文化区块的构想。

我所提出的都市开发策略，就是竭尽所能地把中之岛在地理、文化上的潜力激发出来，使之足以媲美巴黎西堤岛，并充实岛上的文化设施。关于建造的方法，我提出让新设施不是建于地面，而是全部藏在地下，打造一个“地下都市”的构想。

如果这个“多层化”构想得以实现，既可保留中之岛既存的历史景观和绿意盎然的都市公园氛围，又能脱胎换骨，变成刺激都市发展的大型文化复合体。

这是一个非现实性的构想，我也很清楚地知道这只能当作建筑家的梦想。

但就因为是梦想，我愿意花比现实工作多几十倍的精力，让大家看看这个梦。

“因为这是一个传达信息的建筑，所以怎么样都要做出充满力量的形象。”于是我花了半年以上的时间，画了超过十米长的设计图，做了好几个事务所几乎放不下的大型模型；还运用当时仍十分罕见的计算机绘图做仿真图，最后甚至还在1989年大阪NAVIO美术馆自行策划、举办了建筑展。对于我的策划项目，市政府单位的反应还是“No”，在负责官员深受困扰的表情下，这项计划宣告结束。

如果说东京是由“官僚”打造出来的都市，那么大阪就是由“市民”打造出来的都市。自古以来，包括港口、水路、道路等都市公共建设，都是靠民间力量打造出来的，明治时代以后的都市整备，以贯

中之岛策划项目“都市巨蛋” 建筑模型
摄影：大桥富夫

穿市中心南北向的御堂筋为首，很多公共建设都是在民间提供资金或土地等协助下完成的。大阪，就是在此居住、工作的人，带着对这里的认同感所建设出来的城市。

在御堂筋、中之岛一带，还看得到一些可以代表这种大阪市民精神的建筑物。这些建筑都是明治时代到昭和初期，一些热爱大阪的企业家以及受其感召的建筑家们，以自由的创造力打造出来的形式主义建筑。

像是辰野金吾[4]设计的日本银行大阪分行、年轻时在渡边节[5]手下学习的村野藤吾[6]绘图设计的棉业会馆，以及由村野藤吾打造、堪称都市建筑极致之美的大阪煤气大楼……每当看到这些民间力量的建筑结晶，我不禁觉得自己必须负起继承这些先辈们的思想、实践都市梦想的责任。这样的心情，就是我不顾能否实现依然持续不断提出大阪都市建设策划项目的原动力。

当地培育的建筑家

与关西地区财经界的知名人士开始交往，正好就是“中之岛策划项目”的整理告一段落的时候。大家经常提到“有个有趣的建筑家”，使我有机会陆陆续续结识三得利集团的佐治先生、朝日啤酒的樋口先生、三洋电机的井植先生、京瓷美达（Kyocera）的稻盛先生，以及许多杰出的企业界人士。

不知道何谓恐惧的我，在这些大前辈们面前说起：“为什么这个世界不能更有趣呢？社会不能更好吗？”对现今自己感到愤怒、疑惑的事，全都不客气地进行批判，还拼命把“异想天开”的创意说给他们听。而这些关西地区“有头有脸”的前辈，也接受我这个年轻人的热情，兴趣盎然地当我的听众。

不过，认识这些人，也未必表示生意会自己上门，而我也从没期望会在与他们相关的建筑策划项目里出头。能和人生经验丰富的前辈直接接触、学到东西，我就感到相当满足了。

但是，他们都把我当一个建筑家来看待。

京瓷美达的稻盛先生，打算在他的母校鹿儿岛大学兴建、捐赠稻盛会馆之际，对我说：“中之岛那颗卖不出去的‘蛋’，由我来买吧！”

他惠赐机会让我建造一个和“都市巨蛋”相同的大厅。

三洋电机的井植先生，除了推荐我担任淡路岛真言宗本福寺佛堂的建筑设计师，还给我机会去建造位于六甲陡峭山坡地上的第二栋集合住宅。

还有称我为“伟大庶民”的朝日啤酒的樋口先生，则让我担任位于京都大山崎、一座大正时期建造的旧洋馆更新策划项目“大山崎山庄美术馆”的设计者。

而与我交情最深厚的佐治先生，则是把他位于大阪市南方港区天保山的土地交给我，打造“天保山三得利博物馆”。

面对一万三千八百零四平方米的楼面面积，从未接过如此大规模建筑项目的我，陷入了苦战，但佐治先生只对我说：“总之，你尽力就好，拿出勇气、放手去做吧！责任我自己扛。”

“无论如何，人生可不能无趣。在拼事业的阶段，试着保持兴奋感去过日子吧！不会感动的人是无法成功的。”

经常对我说这句话的佐治先生告诉我一首诗，要我将它记在心上。这首诗就是厄尔曼[7]的《青春》（*Youth*）：

“青春不是人生的一段时光，青春是一种心境。”

（Youth is not a time of life; it is a state of mind.）

佐治先生和我一起打造美术馆时，仿佛再一次奔向青春时代。

自我二十多岁踏进建筑界，和我同一个时代的业主们，愿意将一生中最昂贵的物品——住宅，委托给完全没有经验的我。在各个地方，聚集力量给予我支持的神户北野町、大阪南区商业建筑的业主们，还有不看我的履历、经验，只因思想上有共鸣而相信我，愿意把大工程交给我的关西政经界的领袖们，大家都是以大阪人才有的自由奔放的心来接纳我、给我机会。如果不是关西这块土地，无论我如何努力，现在也不可能还持续从事建筑设计活动吧！

受到伟大的前辈们疼爱、提携到现在，我，是大阪所栽培出来的建筑家。所以，我想接下来应是努力回报我的大恩人——大阪的时候了。

天保山·三得利美术馆
摄影：松藤庄平

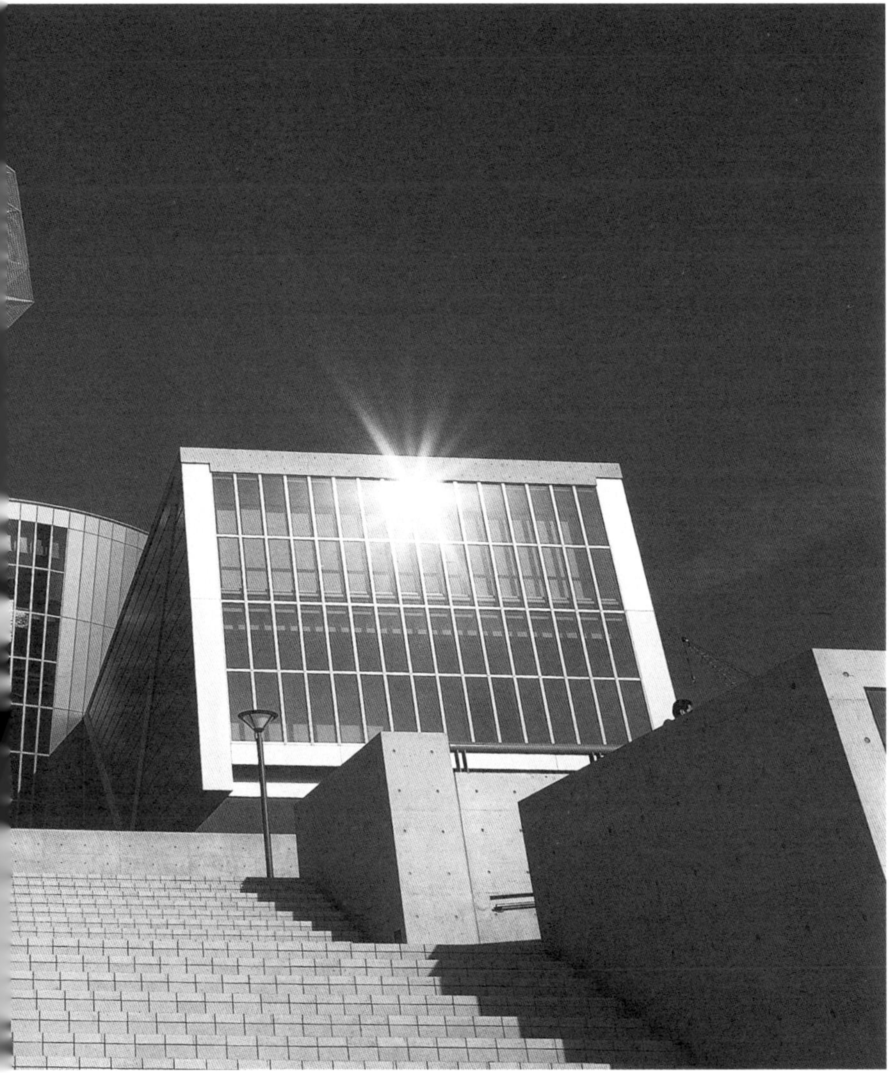

1994年与佐治敬三先生合影
于竣工后的天保山·三得利美术馆前

注释

1 日本国立大学教授，在2004年前都是公务员。——编者注
2 渡边丰和（1938~），日本建筑师、京都造型艺术大学教授。日本后现代建筑师代表之一。曾以龙神村民体育馆获得日本建筑学会奖。
3 毛纲毅旷（1941~2001），日本建筑师，20世纪70年代日本前卫建筑的先锋。——编者注
4 辰野金吾（Tatsuno Kingo，1854~1919），日本明治到大正时代的建筑师，作品丰富，其下才子辈出。
5 渡边节（Watanabe Setsu，1884~1967），日本大正到昭和时代的建筑师，对关西的建筑界贡献良多。
6 村野藤吾（Murano Tougo，1891~1984），日本代表性的建筑师之一，曾师从渡边节。
7 厄尔曼（Samuel Ulman，1840~1924），德裔美国作家、诗人，这首《青春》因受麦克阿瑟喜爱，作为座右铭而广为流传。

第9章

处于地球村的时代

挑战灼热的大地

现在我正着手进行两个中东的建设计划。一个是在阿拉伯联合酋长国首都阿布扎比的“阿布扎比海洋博物馆”，另一个是浮在阿拉伯海上的岛国巴林的“巴林遗迹博物馆”。

“阿布扎比海洋博物馆”是距离阿布扎比海岸五百米的幸福岛（Saadiyat Island）再开发计划中的一环，再开发计划包括海洋博物馆、阿布扎比卢浮宫、阿布扎比古根汉姆美术馆等共五处文化教育设施，这个文化区域将被塑造成为岛上的中枢。据说在周围还有多达十九处可举办国际双年展等活动的会场建设计划正在进行。这五个设施的设计者除了我，还有弗兰克·盖里[1]、让·努维尔[2]、扎哈·哈迪德[3]等，共四名世界级建筑家。这不愧是以利润丰厚的石油经济为后盾，来积极进行开发的中东城市才具有的庞大规模。但和迪拜等地不同的是，这里的开发目的不在于单纯的资本投资效益，而是振兴文化事业。

“巴林遗迹博物馆”是一座历史博物馆，将盖在可以眺望公元前3000年青铜器时代的喇沙（La Sale）古坟群之处。据说巴林境内发现的古坟群多达八万五千处，是世界上最大规模的史前古坟群。在阿拉伯世界中，以最早成功开采石油而闻名的巴林，面对终将枯竭的石油资源，很早就开始转换方向，短短二十余年，急速发展成为现

阿布扎比海洋博物馆，CG绘图

代国家。而这样的巴林下一个努力的重点，就是利用独有的历史资源发展旅游观光业。

竞争“世界最高楼”除了有利于投资者的生意，不具任何意义，我对这种工作一点兴趣也没有，不过这两个设施都以都市文化的培育为目的。尤其建设的内容并非从国外直接“进口”，而是以当地的历史及文化为对象，我认为这是很有意义的。

我在阿布扎比提出的想法，是将一个装有必要机能的长方体下方挖空成贝壳状的建筑。同样是四面环海并且以“都市的象征”为主题的悉尼歌剧院堪称杰作，那是挑战当时建筑技术极限的大胆造型

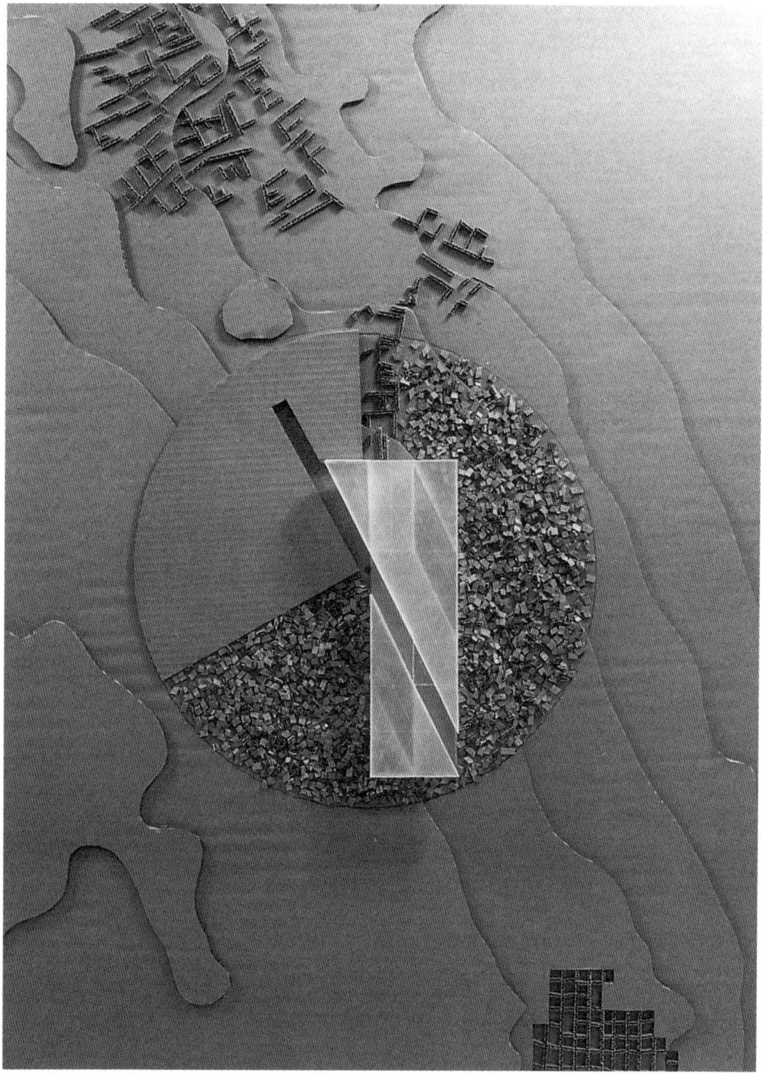

巴林遗迹博物馆，模型

表现，是以海上的帆船为意象而设计的；相对来说，“阿布扎比海洋博物馆”并非通过外表，而是尝试以内部的空洞来表现扬帆的海风。我的目标是建构一种装置艺术般的建筑，将孕育阿拉伯民族历史的宏伟海景拉近身边。

而在巴林，我则提出有如在绵延无尽的沙漠中钉入楔子般、特别强调几何造型的建筑设计。从基本结构到外墙样式，近乎固执地不断重复三角形图样，是我在思考如何呼应没有被荒凉景致埋没的古墓工程时，自然产生的设计。

远自古代埃及，当人类要在自然中构造建筑时，几何形状便是基本的思考模式。被沙漠与海洋包围，在严酷的自然环境中孕育出的阿拉伯造型文化，清一色地让人感到阿拉伯人对几何与数学的美感有着强烈的执着，这可说是在与大自然对抗、建构人工世界时，人类本能的一种极致表现吧！

我在此地设计的建筑会趋近原始的几何形态，也没有什么不可思议的。

虽然在阿布扎比和巴林提出的，都是结构上和空间上两难的设计，但设计的方向还是大致确定了。我现在时而前往当地，作具体化的详细的探讨。若按照预定计划，巴林的项目会先在2009年动工，而阿布扎比的项目会在2012年动工。

从大阪到世界

我的事务所设立在大阪，我们主导的建筑项目遍及欧洲、美洲、非洲、亚洲等世界各地。事务所接的国内外建筑项目比例，十年前还是国内七成、海外三成，而现在完全逆转，海外的建筑项目比例逐年提升。

这种“国际化”现象，并不只发生在我的事务所。在亚洲等发展较晚的国家逐渐有了经济实力的国际背景下，日本建筑家走上国际舞台已成为相当普遍的事。海外的业主没有特别多想，就如同在自己国内发包一样，将项目委托给大海那一头的日本建筑家——建筑已完全走入地球村的时代。

的确，只要通过电子媒介，无论身处地球上的哪一个都市都能够实时分享信息，而且只要搭飞机，不用一天的时间就能飞到任何地方，这对于长期经济不景气、失业率高的日本来说，其建筑家会流向“有机会”的海外，可以说是自然的趋势。

从建筑家的立场来看，自己的特色能够超出本国范围而受到评价，在更宽广的世界中找到更多的工作机会，某种意义上，建筑家也应该会欢迎全球化的时代。

但是，即使技术的进步让“世界变狭小了”，那毕竟只是观念上的、虚拟世界里的现象，即使能够瞬息之间交换信息，也无法胜过人与人面对面交谈所建立的互信关系，同时也不可能将建筑物本身化为数字信息。

无论技术如何进步，所谓建筑，是非到现场建造不可的在地性工作。不同的地区，建造的规范、技术以及施工者都不尽相同。空间上的距离虽然缩短了，物理上、文化上的距离却无法拉近。

例如在欧洲，特别是在意大利工作，为了维护历史都市的风范，相较于日本，他们必须花费惊人的时间进行法规审核的相关程序。就像“FABRICA”，从提案设计到完成，花了十年以上的时间。当地的工匠都具有专注于技艺的执着性格，一旦开始工作，完全不理会工程进度，不到自己满意绝不罢手。在觉得建筑质量可靠的同时，掌握不住进度的恐惧会一直伴随我直到项目结束。

而在中国，我则会对发展中国家特有的超快速建设产生困惑。毕竟是拥有创造万里长城文化的国度，也许该称为中国风格吧，总之不管什么，规模都要大。有时突然接到在日本无法想象的大规模建筑项目委托，却在尚未谈妥合约条件的状况下工程就展开了。而且，还以既然动了工“就无法回头了”的态势，让工程在不知不觉间进行下去。我都会早一步到现场来回视察，为了发现、解决问题而拼命奔波，连喘口气的余地都没有。

到法制程度较高的美国工作也令人吃惊。每次签约必定有律师在场，于是可以简单解决的事情变得异常复杂，结果甚至还拖延了计划进度。而所谓民主国家在每决定一件事情时，都要把相关人士集合起来开会，也令人哑口无言。“沃夫兹堡现代美术馆”的项目中，从设计图纸到完工的五年七个月之间，我们在大阪和沃夫兹堡之间总计往返三十次。相信对支付差旅费的业主来说，也是相当大的经济负担。因两地距离而耗费巨大的国际建筑项目，如果设计者和业主双方没有相当的觉悟是无法完成的。

另外也有单纯的建筑技术上的问题。在“阿玛尼剧场”（Teatro Armani）施工期间，整体进度进行得很顺利，但是米兰当地的施工水平意外地低，终于发生了不得不重新进行混凝土灌浆的事。结果从日

FABRICA的建设过程

本请来了熟识的、专门补修的涂墙师傅，总算解决了问题，那时我更深刻地体会到自己能在拥有高超建设技术的日本累积建筑经验有多么幸运。在技术上采用了复杂形式的阿布扎比和巴林的项目，恐怕又会是一场苦战吧！

当然，事情无法顺利进行是建筑的常态，为建筑苦战恶斗的过程，不管在海外还是在日本都一样。但如果是海外的工作，身处日本的我无法立即应对。由于缺乏临场感，有时重要的事情会判断错误。当多处工地现场都发生问题时，压力真的很大。

在海外学到的事

不过，即使承担着许多风险，海外的设计工作还是有参与的价值。其中之一，便是在与我生活环境相异之处去思考建筑，那本身就是对自己的挑战。

理所当然的是，在每个地方，从地形到历史、文化的发展甚至人们的生活习惯，必定存在着只属于当地的固有脉络。相对地，想要创造“只有那个地方才有的建筑”，要产生的建筑创意，当然与在日本的完全不同。

无论是阿布扎比还是巴林，那种规模和那么强烈的几何形状，是不会出现在拥有温暖气候的日本土地上的，而且就算产生了那种创意，在日本的社会环境中也找不到实现的机会。那是只有现在的中东，才能实现的建筑。

另一项在海外工作所能获得的价值，正是风险的部分。

的确，无论是掌握的技术、勤奋的态度还是团队的协作等方面，日本都拥有世界最高的水平，又具备相当成熟的社会系统，能够在这样的环境下工作，是日本建筑家的优势。

但是，这种过度完善的环境，也会剥夺建筑的可能性。到日本工作的欧洲建筑家有时会感到不满，原因在于日本的工程营造厂太过优秀，会将他们提出的尖锐特异的提案过度修整。

在法规的适用方面，比起规定烦琐的日本，在建地本身都还是“沙漠”的中东，他们的认知是，法规与其说是规范建筑设计的“障碍”，不如说是单纯引导建筑的“指南”。基本上，委托者和行政主管单位，对建筑家积极的提案都相当宽容。只要是当地行政主管单位能够接受的，那些在日本几乎不可能发生的“特例办理”，也较容易受到认可。

花费十年完成的FABRICA
摄影：新建筑写真部

沃夫兹堡现代美术馆，在工地现场

在欧美，从计划到建设、完工的过程中，虽然需要花费较长的时间办理手续，但只要想到这是因为他们“对建筑和都市的社会意识相当高”，就会觉得这样很令人羡慕。在设计日本的公共建筑等建筑项目时，最令人焦虑的是，很难进行“这是为谁而建的设施？应该是什么样的设施？”这种最基本的讨论。在欧洲，会对建筑项目不断重复公开讨论到令人厌烦的地步，虽然辛苦，却有其挑战价值；花时间讨论后，建筑的主旨也会更加明确。

当然，并非日本所有的系统都缺乏弹性，也不是夸赞外国的做事方法比较优秀。在国外，当然也有该国特有的矛盾，也存在大企业的本位主义及政治左右建筑的情形。若要追求建筑的“精准度”，那么在国外不管如何努力，恐怕也难以达到在日本所能得到的满意度。

我想说的是，通过体验国外的建筑环境，能够以对比的方式看出一些在日本难以察觉的、使建筑得以成立的社会结构等。

建筑家这种职业的有趣之处在于，设计一栋建筑时，除了思考艺术和技术问题之外，还要同时思考地方的历史、文化、社会制度等问题，因为会遇到各种不同的价值观。

从这个角度来看，海外的工作可以让建筑师置身不同的氛围，思考自己的建筑，其实是绝佳的“学习”机会。

努力感受异国文化，追求只有那个地方才能实现的建筑——我如此寻找着建筑的新的可能性。

沃夫兹堡现代美术馆
摄影：松冈满男

沃夫兹堡现代美术馆
摄影：松冈满男

通过对话，迈向共生的世界

从1997年到1998年，我参加了尼泊尔的一项建筑计划。一个称为亚洲医师协会（the Association of Medical Doctors of Asia，AMDA）的非营利组织，为了提供医疗服务给因为灾害与贫困而无法得到医疗照护的人们，计划建设儿童医院。为了回报1995年阪神淡路大地震时，来自亚洲各国的援助，我们募款作为建设基金。医院的建地在蓝毗尼区近郊的布德沃尔市，土地及基础设施由政府提供，我接受了这个没有报酬的设计委托。

尼泊尔未满五岁的孩童的死亡率，比日本高二十倍，原因之一就是医疗设施不足。实际上，在盖尼泊尔儿童医院的时候，专门为儿童设立的医院只有一间，位于加德满都。这不是一桩生意，是一项非营利的义务工作，预算不足，当地的技术也不是很高，但因为那里有许多热切盼望建筑完成的人们，我觉得这是一件特别有意义的工作。

基于预算及技术的问题，在建材、工法的选择上，都不得不根据当地的实际情况，于是自然而然地发展成单纯的方形建筑。外墙使用当地生产的土砖；内部用灰泥抹平、涂上白漆，来打造明亮洁净的感觉。南面设置柱廊柱列，窗户开在柱廊后方，用以保护室内空间免于被印度同样强烈的阳光直射，确保柔和安静的室内环境。诊疗室、病房、大厅等为孩子设置的空间，全部面向柱廊彼此连接。

架起混凝土的结构，堆砌土砖，收尾工作……所有的建设过程，全仰赖人工进行。

由于施工技术不高，完成面粗糙，很难做出好的细部呈现。虽然无法期待做到和在日本施工一样的精良程度，但我感受到了施工者在这栋建筑中所贯注的心血，与使用高科技设计的建筑相较，它毫不逊色。完工后的医院，现在每天有超过两百位患者接受诊疗。

寻求多样的丰富性

我们必须思考的是，现在所谓的全球化，不过是美国所主导的现代化社会中的一个事件。有时我们容易误以为全球化是全世界的现象，但其实世界上有很多人与这个现象无缘。但是，到了21世纪，无论是地球变暖的问题、人口问题或者政治局势不稳定的问题，世界所面对的这一切，都是所谓“地球规模”的问题。

如果希望世界今后还会存在，势必要超越这种以强国为中心的霸权主义，追求真正的全球化。那是不同于以往，不单是扩充同质文化圈的全球化；应是让各国，有时甚至是互相对立的文化或价值观，也能进行对话，彼此认同，以建立共同生存下去的世界为目标。

当然，这是多么困难而复杂的课题，2001年发生的“9·11”恐怖事件是最好的证明。要超越不同文化的冲突，并非易事。单靠一名建筑家并不能做些什么，但是，既然建筑与人类的文化息息相关，就应该通过建筑，表达某种意义。

几天前，接到AMDA的联络，表示希望增建尼泊尔的医院，而且正在开始募款。虽然状况是艰难的，怀抱使命感述说这件事的参与者却充满喜悦，因为这是辛苦而有价值的工作吧！我也会再度到尼泊尔思考建筑，寻找只有那里才能获得的心灵与空间的富足。

尼泊尔儿童医院。使用了当地天然晒干的土砖
摄影：新建筑写真部

要超越不同文化的冲突，
并非易事。
单靠一名建筑家并不能做些什么，
但是，既然建筑与人类的
文化息息相关，
就应该通过建筑，
表达某种意义。

注释

1 弗兰克·盖里（Frank Owen Gehry，1929~），加裔美国建筑师，当代著名的解构主义建筑师，以设计具有奇特不规则曲线造型、雕塑般外观的建筑而著称。
2 让·努维尔（Jean Nouvel，1945~），法国建筑师，善用玻璃塑造建筑。
3 扎哈·哈迪德（Zaha Hadid，1950~2016），英国籍女建筑师，2004年普利兹克建筑奖得主。

尼泊尔儿童医院
摄影：新建筑写真部

摄影：荒木经惟

第 10 章
为了孩子的建筑

空地和放学后

几年前，发生过儿童被大楼自动旋转门夹死的意外。由于那是东京一栋刚完工的新地标，因此成为引人注目的社会问题，大众的批判聚焦到旋转门的制造商和大楼管理者身上，甚至还发展成全日本的公共设施禁用自动旋转门的情况。

有些意外虽然没有上述事件那样引起广泛的震惊，但最近“某小学有学生撞到玻璃受伤”、“在百货公司，有幼儿从电扶梯上摔落”等事件让大家觉得跟建筑物相关的儿童意外事件增加了。每当发生意外，管理者就会被追问责任，也有人会开始鼓吹规范建筑物的新安全对策。而我处在设计的前线，常被问到关于扶手的设置或者小角落的维护等问题，因此对这种社会事件感同身受。

的确，安全且安心，是设计建筑和都市首先要考虑的。经历过1995年的阪神淡路大地震，我也更深入思考建筑相关的责任问题。尽管如此，在这些议题上，我仍然无法认同世人那种“让建筑里的棱角通通消失”的过度反应。

孩子玩耍时撞到玻璃，大人们不会督促孩子“自己要小心”，只是一味追究“玻璃”的责任。为了避免承担这种责任，建造者开始消极地倾向于使用撞了也不会破的玻璃，甚至干脆不用玻璃。

绘本美术馆“窗户的外面和窗外更远的地方”。会撞到玻璃，是玻璃的错吗？
摄影：松冈满男

街头巷尾常常听得到让孩子发挥自己个性的教育改革等讨论，但是培育儿童个性与独立的想法，和将所有可能给孩子带来危险的事物完全摒除，在受到彻底管理的环境中保护儿童的思维，是相互矛盾的。小孩在连撞到玻璃有危险都不懂的环境中长大，真能学会自我管理吗？在这种过度保护的状况下，到底能不能萌生“活在当下”的紧张感？又怎能培育出自己想办法克服困难的创造力呢？

现代儿童最大的不幸，就是日常生活中，无法拥有“照着自己想法做些什么”的时间。我小的时候，城市里到处都是空荡荡的土地。放学后，理所当然的就是自由时间。在没有大人制定规则的空地上，孩子们尝到自己动脑筋玩耍的乐趣，与同龄人一起成长。学会与自然相处之道，也体验了进入危险的地方就会尝到苦头的感觉。第二次世界大战后歌颂经济至上的日本社会，从孩子身上夺走了空地和放学后的自由。

第二次世界大战后
歌颂经济至上的日本社会，
从孩子身上夺走了空地
和放学后的自由。
将孩子封闭在『过度保护』的世界里，
这样的家庭环境和社会系统，
阻碍了孩子的独立自主。

兵库县立儿童馆。可以将设施与漫长的户外通道连为一体
摄影：新建筑写真部

儿童馆

将孩子封闭在“过度保护”的世界里，这样的家庭环境和社会系统，阻碍了孩子的独立自主。

因此，说一句“小孩放着不管也会长大”，有时还会招来周围的驳斥。为孩子设计建筑物的时候，我也期待每个人都能发挥原有的创造力，不因为对象是儿童就在设计上自我设限，所以我常常与业主发生冲突。

我初次为儿童设计的建筑物，是“兵库县立儿童馆”。

建地位于姬路市郊外新日本制铁公司所属的人造水池“樱山蓄水池”旁边，要设计成一个可以进行与儿童相关的研究，还可以进行阅读、劳作等活动的空间。我提出了沿着池边延展开的景观合一的建筑规划。具体而言，是依照活动内容的不同，将建筑物分为本馆、中间广场以及工作馆三个部分，沿着水池配置在长五百米的池边，再以户外通道连接所有建筑。

原本可以将所有功能整合在一栋建筑物内，我却刻意作复杂的区分，被批评不合理也在所难免。此外，一般是将建筑物与外部景观分开设计，但这次全由建筑家进行设计规划，从中间广场的十六根柱子、室外通道到本馆周边的水池，对这些外围景观，也要作规划，工程的难度极大。幸好有赖当时的兵库县县长贝原俊民先生的支持，总算整合了规划内容并完工，但直到最后，那些不具实质功能的多余空间，还是招来了诸多批评。

直到开幕前，大家还在担心："在这里从一处到达另一处要走很久，这不要紧吗？孩子们会不会觉得混凝土建筑没有亲切感？"但我完全不在乎；相反地，我一心所想的是：这个设施的运营管理，是否足以回应聚集在这里的孩子们的精力。

儿童馆开馆至今二十年，不像有关人士的担忧，儿童馆名副其实，每年都有大批的儿童来到这里，成为孩子们绝佳的游戏场所。周围的绿意也更加盎然美丽，当年看起来庞大的混凝土建筑，如今甚至看起来很可爱，建筑物本身已经融入大自然。国际双年展形式的原创策划"儿童的创意雕刻比赛"也顺利进行，两年一次，不管哪个国家的孩子制作的雕刻作品，都可以在馆区内展示。如我预期的，孩子们被解放出来的天性，不管到哪里都是神采奕奕而开朗明亮的。

兵库县立儿童馆名副其实地成为孩子们绝佳的游戏场所
摄影：新建筑写真部

自由放任的空间

在儿童馆之后，我也参与了几项与孩子相关的建筑规划。用途从博物馆到图书馆、学校等，虽然规模和建地条件各异，但我一贯实践的主题，就是与自然对话。还有非常重要的是，不要处处都经过设计，而是刻意营造一些没有目的性、自由放任的空间。

人为了生存，需要知识和智能。除了在学校学习知识，找到既有问题的答案，利用课余的自由时间，亲眼观察世界，培养解决问题的智慧，两者兼具才称得上是真正的教育吧！

建筑也一样，若设计者一一指定“这里请这样用”，使用者便失去发挥想象力的乐趣。特别是孩子正需要寻找自己的方向和自由不受拘束的空间。

在受到高度管理的现代社会中，提到自由放任难免招致误解，但其实在此之前，也有建筑家提到到底要如何对保守的社会佯装不知、放手规划的问题。我至今还没找到非常满意的答案。为孩子们设计建筑——是个比想象中还困难的课题。

野间自由幼儿园
摄影：松冈满男

第 11 章

迎向环保的世纪

摄影：荒木经惟

新的涩谷地铁站

以往在建筑规划阶段就被喊停的构想，经过一段时日，有时会在完全不同的建筑项目里得到实现的机会。“东急东横线涩谷站”正是如此。

连接涩谷和池袋的地铁副都心线和东急东横线交会于此，在这个新地下车站的计划中，我提出“蛋形”车站的想法，这和以前“中之岛策划项目（都市巨蛋）”的想法是相通的。

“都市巨蛋”是让大正时期建于大阪中之岛上的中央公会堂再生的规划项目，内容是保留旧有建筑的外部轮廓，在室内插入一个有如蛋壳形状的新大厅。将那颗“蛋”融入地下土木躯体，以涩谷车站的样貌实现。

事隔十年才诞生于涩谷的“蛋”，并不是以造型表现为目的的建筑。涩谷这颗“蛋”的中心，是从地上两层的车站广场，到地下五层月台的挑空空间。在地下车站，由于难以掌握与地面的相对位置，容易丧失方向感，而这里的“蛋”及挑空的明快空间构成地下的地标，能让人立刻就能察觉车站全貌和自己所在的位置。

这个立体空间所产生的另一个重要作用，是地下空间的自然换

东急东横线涩谷站。以椭圆形的挑空空间进行自然换气
摄影：松冈满男

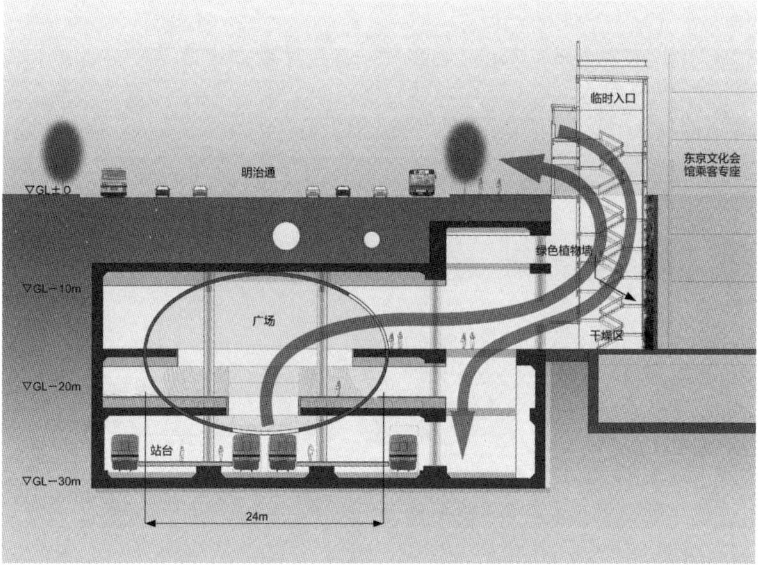

东急东横线涩谷站，剖面图

气。东急电铁配合车站施工，计划改建位于旁边的东京文化会馆，并预定在改建后紧邻地下车站的空间里，设置会与车站广场相连的进／排气通道。这将让整体都在“蛋壳”包覆下的车站建筑，与对外的换气空间有所连接，平常要用机械设备处理的电车废热，也能借着自然的风力进行新鲜空气的交换。

通风会带来车站内的空气调节问题，针对这一点，将“蛋壳”的材料从普通混凝土换成中间有空洞的GRC玻璃纤维强化混凝土

(Glass Fiber Reinforced Concrete)，辐射空调系统能利用这些空洞解决上述问题。

兼顾安全考量的“简单易懂”与不仰赖机械的环保调控——这颗“蛋”不仅在视觉上带来震撼效果，在实际的功能面上也具有重要意义。

2008年6月，东京大都会副都心线领先东急线开始运营，由于涩谷的地缘特性，许多媒体报道了这座新建筑。有趣的是，其中很多媒体对于自然换气系统的兴趣，远大于“蛋”的造型。“不倚赖机器的地下车站空调”、“减轻环境负荷的地铁风”……若是二十年前，媒体大概不会用这种角度来彰显建筑特色。

以“环保”为基调讨论每天有数十万人往来的涩谷新玄关的诞生，可见人们对环保的危机意识已经相当强烈。

从经济的世纪到环保的世纪

年年高升的温度，以及频繁的飓风和台风等大型天灾；受环境激烈变化影响而遭遇灭绝危机的动植物；森林退化、地球沙漠化的同时，人口的数量不断增加，全球性粮食与用水危机已经出现……地球环境的异常在新闻报道中日益加剧。

环保问题第一次成为大众化议题是在20世纪90年代初期。生态，成为时代的关键词，被广为宣传，政府、企业争相设立环境部门。这在当时虽然是社会的趋势之一，但我认为一般大众并没有什么太大的危机感。全球变暖这样的话题实在太大，涉及的问题太过复杂，很难当作身边的事对待，而且社会整体风气仍是以经济繁荣为第一目标，让人们对环境的感觉变得迟钝。

但是，今日在世界各地发生的异常现象却在明明白白地警告着人类。往后的世界会如何演变，虽然没有人能够精确地预测，但以发达国家为首所施展的文明的威力，逐渐超出地球的承受能力。

为了反映这样的时代趋势，今日的产业、技术社会已经不再一味关注经济效益，也开始考虑如何做好环境保护。建筑业曾被称为“环保问题的元凶”，建筑需要木材，而树木砍伐导致自然生态被破坏，在拆迁、改建中大量的建筑废弃物被丢弃。如今，为了减少建筑对环境造成的负担，建筑从业者做出了各种尝试：利用双层外墙、通风窗等降低热能负荷的外墙系统，利用太阳能进行室内温度调节及热水供给，使用省水型的冲水马桶及合并处理净化槽的水循环技术等。

建筑产业由于无法完全工业自动化，想要像其他领域改良生产系统相当困难，但还是应该持续努力。即使只是做一点小改善，只要慢慢累积各方面的努力，一定能够产生应有的效果。

建筑能为环保做的事情

但不可忘记的是，建筑本身就属于“环境”的一部分，在建筑领域，“环保问题”不可能与“技术性问题”完全切割。

例如，成为今日“节能”设计主流之一的办公大楼外墙设计，旨在将室内空调的耗能降到最低，设计灵感是源自提升建筑外皮性能的想法，而更根本的解决方法，还是“不使用空调”。在高科技的开发上注入心血固然很好，但在那之前，建筑的设计者和使用者，应该可以一同努力探讨，如何规划自然通风的办公空间。

我的出道作品“住吉长屋”，是盖在大阪市中心高密度地区的水泥长屋。住宅的中间是中庭，各个房间都可以直接对外通风，没有装设空调。在空间和预算都有限的情况下，优先考虑内外空气的流通以及跟自然的对话，因而形成这样的结构。

在享受与自然共生的丰富性生活同时，也要接受它的严峻。房子完工后交房时，我拜托业主夫妇：“这个房子，有一般房子所没有的东西。所以，也许生活上有些不便……夏天热了就脱一件，冬天冷了就多加一件衣服……请努力适应住在这里的生活。”虽然这是个不合理的请求，但是业主夫妇接受了他们的新家和这种生活方式。他们笑着说：“能够更多地感受自然的变化，是这间小房子的魅力。”经过三十年，现在他们仍以不变的态度住在那里。

建筑设计的目的，是要建造合理、符合经济效益，且更重要的是舒适的建筑。但是，闷在封闭的不透气的室内，和住在多少有些不便却可以仰望天空自然呼吸的庭园里，两相比较，到底哪种比较“舒适”呢？生活在里面的人最有发言权。如果更深一层去思考生活方式和价值观的问题，建筑的可能性便会增加，变得更加自由吧！人的身心其实远比想象中来得坚韧。

不设置冷暖空调，以中庭直接对外通风的住吉长屋
摄影：二川幸夫/GA Photographers

在高科技的开发上注入心血固然很好，但在那之前，建筑的设计者和使用者，应该可以一同努力探讨，如何规划自然通风的办公空间。

建筑的再生、再利用

不再继续滥用石化燃料——在节能的同时，建筑领域必须思考的是建筑的寿命问题：“如何让建筑物耐久耐用？”

改变到目前为止的频繁的“拆与建”，如果能将建筑的寿命延长两倍，建设花费的能源、产生的废弃物，也都会大幅减少，这也能降低造成全球变暖的二氧化碳的排放量。任何人都知道，建筑物的长寿将有益社会。

不过关于这个问题，如果要马上当作今后建屋建房的技术开发课题，恐怕操之过急。想要遏止拆与建的恶性循环，首先需要改变的是人们持有的“建筑物也是消耗品”的观念。人们嘴里说着要建新时代住宅，要用技术保护环境，使环境更优越，却将还能居住的房屋拆掉，这便一点意义也没有。只要人们“使用最新的商品便象征富裕”的观念还存在，拆与建的循环将不会结束。

重要的是，在思考今后该怎么生产制造的同时，应先思考如何善用现有的事物。从这个角度出发，会产生以情感维护建筑物的持续努力，也会改变建筑的再生与再利用问题。

单纯看建筑的再生，其实也能分为修复或改建受损的建筑，使之

FABRICA。意大利拥有旧材料银行的制度
摄影：Francesco Radino

复苏的重生，或像伦敦的泰德现代美术馆，让因社会性因素而废弃的建筑物更有用途，注入新生命的再利用等，有许多不同类型的建筑再生案例。在日本，东京市中心办公大楼的供给过剩成为社会问题，以此为契机，将办公大楼转为住宅的再利用手法，终于在最近渐渐受到关注，但这在拥有石造建筑文化的欧洲，自古以来就是非常普遍的做法。特别是在意大利的古老城市，这种思想被贯彻得相当彻底，至今，我在意大利的许多城市中参与过的几个项目，都是以旧有建筑物的再生为前提的。

建筑的再生绝非易事，越是旧的东西，在经济和技术层面就会遇到越大的困难。相较之下，搭盖新建筑是既有效率又“轻松”的，这是建设方普遍的感觉，但意大利人却有不同的想法。

葛拉西宫（Palazzo Grassi）。18世纪后半叶的贵族别墅重生为现代美术馆
摄影：松冈满男

对我而言，我在意大利的第一个建筑设计位于威尼斯附近一个叫作特雷维索（Treviso）的镇上，我接到卢恰诺·贝纳通（Luciano Benetton）的委托，设计一栋通讯研究中心“FABRICA”。这个将建地内17世纪的贵族别墅增建翻修的再生计划，让我得知了意大利旧材料银行的存在。这是拆建文艺复兴时代的建筑时，回收、保存旧建材的制度，每当进行历史性建筑物的改修，便可从那里购得资材。

旧材料银行的成立，或许是基于文艺复兴重镇威尼斯这个建于水上的城市，经常为建材不足烦恼，而不得不珍惜现有材料的历史背景。但是，这个机能能运作至今，在于意大利人优秀的民族性；善于从过去的事物中发现价值，并认为传承给后代，是现代人的责任。

"FABRICA"的设计受到法律程序等等的拖延，在日本只要一年半时间的工程，结果花了长达八年的时间。谨慎地慢慢花时间，耗费庞大的精力，也要守护都市的记忆——这是以100年、200年的时间单位对都市所做的思考。

在日本，或许是因为第二次世界大战后日本转变为消费主义的社会，以及在那之前长期亲近木造建筑文化的缘故，就算是混凝土建筑，只要老旧了就拆掉重盖的想法还是普遍而强烈地存在。

魅力与时俱增的城市，和只承认新事物价值而不断重复拆与建的城市，何者的风景能看到人类的未来？答案非常明显。让建筑物持久耐用是对地球"环境"的关照，而且会使我们所处的都市环境更加丰富。

如果日本的都市走向下一个时代，就必须将建筑的再生、再利用，连同工法或设计思维，包括法律，全部当成一个社会的主体结构来认真思考。跳脱出把旧的东西视为垃圾而抛弃的消费主义的意识，善用现有事物，将过往联系到未来；只要重拾我们在过去美好的时代里爱惜事物的生活方式，一定能够造就属于自己的都市风景。

逆向思考——大谷地下剧场计划

跟单纯的建筑有些不同，我对再生这个主题尝试过有趣的设计。那是在1995年自主提案所整合出来的“大谷地下剧场计划”。

建地在栃木县宇都宫市大谷町，我的提案和大谷石采石场有关，当年莱特使用了此大谷石来建旧帝国饭店的外墙，使得大谷石采石场也因此闻名。

大谷石的采掘，以四方宽度十米的直立的坑道为轴，再以棋盘式的横向坑道去进行。最深的地方能到地下八十米深。

为了演讲造访宇都宫市时，顺道观光，在当地人的带领下，走进了其中一处地下坑道，我被远胜于印度阿旃陀[1]或土耳其的卡帕多西亚[2]石窟修道院的庄严而深远的空间气氛震慑，激起了无限的想象力。然后在没有被委托的情况下，擅自开始构想——于是产生了这个计划。

在这之前，也曾提出利用地下坑洞建造记录大谷历史的数据馆，或者尝试当成音乐、表演的活动场所等，但我想的不是那种将现存地下坑洞单纯地再利用，而是计划以采掘后的空间为前提，进行大谷石的采掘计划。也就是说，有计划地裁切石材，使开采剩下来的空间自然成为剧场。

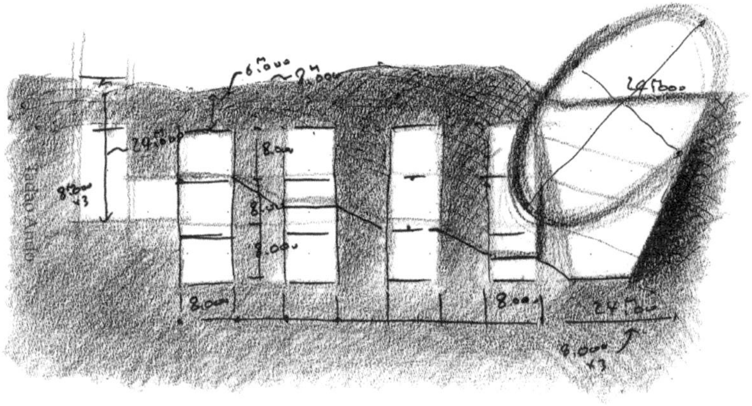

大谷地下剧场计划，草图

在平面上每隔十米留下“柱子”，深度是从地下十五米到地下三十米之间的范围。以这两个构造条件为依据，描绘出突破现有的建筑框架的自由地下空间意象。

计划的关键是逆向思考，把采石这种不以建筑为目的的开发行为产生的结果，直接作为建筑空间。一般的建筑项目，如果从地面向下挖掘来建设地下空间，就会产生挖掘出来的剩余土石，而处理这些剩余土石是个麻烦的问题，但这个计划所采掘出来的，是能作为建材贩卖的大谷石。另外，采石师傅平常的工作，成了在建设地下剧场，不需要高级的建筑技术或者工程监工了。只要确保采掘事业的经济效益，建设所耗费的能量就等于“零”。工期，也就是石材采掘完毕的

大谷地下剧场计划，模型

时间都是未定的，但我抱持着“能够做出前所未有的、有趣的东西”的自信，向市政府相关人员提案。

结果是褒贬不一，出现各种反应。在讨论是否可作为公共事业的策划项目之前，就在将这种石造地下空间作为公共剧场是否符合法规的要求这个讨论环节受阻。我也试着到当时的建设省（现为国土交通省）交涉，不管我提出多少结构上的根据，他们都认为有危险而不肯发出许可。

直到现在，我还是一直等待这个机会来临的那一天。等待的过程中，又有了以同样的构想去盖石头教堂等创意，想象力越来越丰富。

建筑原本就是一种不得不给环境带来负担的行为。越是认真思考，这个矛盾就越明显，若太过追求理想，就会陷入“什么都做不出来”的状态。因此说到建筑领域的环保意识，总是容易产生“以通过法规为目标”这种消极的倾向。

但是基本上，“希望自己所处的会是什么样的空间”——从这个角度思考建筑的意义，其实与思考环保是同一件事。单就建筑探讨环保问题虽然不容易，但将视野扩大到建筑所在的地区、系统，综合性地思考软件设施，应该能够找到方法。

建筑设计者，应该有将环境问题转换为创新机会的气概和想象力，也期待社会有偶尔能接受这种挑战的勇气。

停止建造的都市策略——东京的重整计划

现在，东京以申办2016年奥运会而展开都市重整规划，我以顾问的身份受邀参加。

三千万人口聚集生活的首都东京，是被称为“都市的时代”的21世纪的象征。

人、事、物、信息汇集，相互碰撞，那种压倒性的能量和选择的多样性是大都市的魅力。但是经过半个世纪的“成长期”，东京这个城市，设施建设已经饱和，废弃物的排放和水资源的开发利用等也已经达到了极限。这个大都市，如何才能延续到下个时代呢？

我们无法按照过去建筑家所描绘的“未来都市”，大胆地进行一次性的都市改造。但是，东京拥有完善的大众运输系统所形成的紧密都市形态，以及在高度都市化区域的周边，散布着从代代木公园到明治神宫、新宿御苑、北之丸公园等几个未经开发的大片绿化空间，这都是高度集中的都市才有的优势。

我们构想的是一种都市地景规划（Grand Design），是让潜力被充分发挥且已经成熟的东京，转换成符合当今环保主义的，亲密而温暖的都市。必要的都市设施，尽量靠既有建筑的再生、再利用来满足。新的都市景点，是被重新唤起的东京历史和自然。

我们不需要仅为了炫耀都市荣光而设置壮观的纪念碑，取而代之的是更多的行道树，为都市的缝隙增添绿意。让散落在东京的大小公园以及森林，串联成整个城市的绿色“回廊”，成为一个有轻风吹拂穿透的城市。

从漫步都市的行人的角度出发的都市重整——对于否定过去，借由破坏历史成就而发展起来的东京而言，是一百八十度的大转弯。

在利害关系相互交错的现实都市里，事情的进行恐怕无法如此理

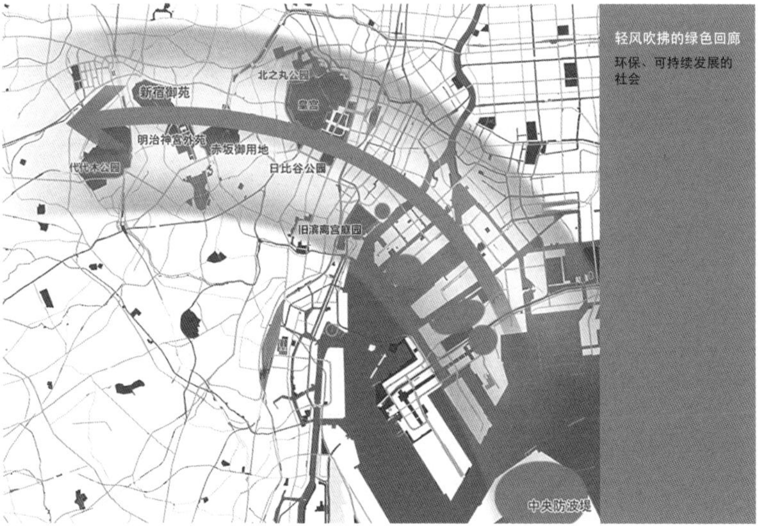

东京都市重整的意象，绿色回廊。有风穿透的城市

东京有代代木公园等散布着未经开发的绿地
©YOICHI TSUKIOKA/SEBUN PHOTO/amanaimages

想。但是，不用一口气改变广大的面积。先从小地方，以打游击的方式逐步攻陷，再将这些点连成一片网络，通过不断地将网络重叠，来改变都市整体。也就是说，这是不规划整体蓝图，而做一种符合区域特性、在地主义的都市规划。

改革都市的硬件，形同改革市民的生活方式。浪费等于富裕的时代已经结束了，在交通网络发达的都市里，不用靠自驾车代步；人们更多地选择步行，也会有更高的积极性去创造更美、行走起来更愉快的街道吧！

就算是日常的风景，只要发挥一些创意，还有很多东西可以回收利用。在有限的资源里，如何用心充实自己的生活，同时对环境负责，是生活在这个时代所要发挥的创意。

海上森林计划

这次东京重整的主题计划，内容是让行道树形成绿色回廊，最终连接到东京湾，也被称为“海上森林”计划。

我们要在东京湾上的海埔新生地垃圾掩埋场种树，使其成为绿色森林而获得重生。人们为了追求优越的生活而使这里成为饱受嫌恶的地方，如今这里终于找回了具有生命力的风景。这个项目也有宣誓脱离“大量生产、大量消费”的意义，重要的是，那块“死地”的重生，是通过每人捐一千日元、共五十万人捐款的公众参与的方式，慢慢花时间进行的。

所谓环保问题，到头来是现代社会人工与自然之间失衡的问题。要在建筑和都市的领域之中彻底追究解决方法，就会导致两种极端：像过去的时代一样，回到以自然为依归的生活；或者是继续推动技术的开发，将人工世界变得更简洁、便利。

无论朝哪一个方向发展，主要问题都在于必定得用某种形式来抑制都市活动，而且每个人在某些方面都要被迫忍耐，才得以实现。

为了将来，能否鼓起勇气改变现在？环保问题取决于人类选择什么，以及有多少人能够对这种选择有共识。

2008年5月，与U2乐团的波诺种树

从这一层意义来看，“海上森林”计划所想的不只是东京的未来，也是在思考地球的未来。正因为东京是发展到极限的巨大都市，如果可以从这里记录下即将到来的环保世纪的第一步，相信会让全世界留下深刻的印象。

从2007年种下第一株树苗以来，经过了一年多，如今连海外也出现了认同的声音。世界著名的摇滚乐团U2主唱波诺（Bono）先生，以提出“太可惜”口号而闻名的肯尼亚旺加里·马塔伊[3]女士，也都对种树运动的主旨产生共鸣，来到现场参与种树。

东京的“海上森林”，已经逐渐开始具有“地球森林”的意义。

为什么要种树

其实，我并不是第一次参加“海上森林”这类环保运动。1995年阪神淡路大地震之后，为了安慰亡灵，以及使生还者心理康复，我们在灾区种了会开白花的树，形成“兵库绿色网络”；在被称为产业废弃物象征的丰岛进行再生计划的同时，也以濑户内的自然保育为目标，筹办“濑户内橄榄树基金会”；在以大阪中之岛为中心的河岸上，让原有的樱花行道树继续延伸，计划创造世界最长的樱花大道来振兴小区的“樱之会·平成的树廊”等，迄今为止，我多次积极参与与市民携手的植树运动。

接受媒体采访时，我总是提到种树的话题，许多人都会问：“为什么建筑家要种树？”“为什么非要推动植树运动？”

对前者，我的回答是：“因为不论盖建筑或造森林，同样都是对环境付出努力，尝试赋予当地新的价值。”而对后者的回答则是：“因为种树增加绿荫，是最简单而直接有效的环境改善行为。”

但是，植树运动真正要做的，并不是种植行为本身，而是种下树苗之后，培育树木的过程。如果不好好浇水，花时间、心血来培育，树木不会扎根。种树只是开始，而非结束。

海上森林的海报
“海上森林” 计划的募款说明并非只是为了自己，而是为了后代子孙

所谓环保，并非施与受的互动，而是培育与成长的过程。培育的辛劳使我们发现，改变环境就是改变自己。期待孩子们尽量参与活动，是希望他们在感受力最强的时候，体验这些辛苦和感动。

并非单纯针对环保问题对症下药，而是作为培育孩子未来的第一步——这就是我认为种树最重要的理由。

注释

1 印度阿旃陀，是一个位于印度的佛教石窟群，也是印度最大的佛教石窟遗址。

2 卡帕多西亚（Cappadocia），位于土耳其中部，火山爆发后被熔岩和火山灰所掩盖的地形，经过长期的腐蚀风化，形成各种独特形状的岩石丘陵和独特的景观，是著名的奇石区。

3 旺加里·马塔伊（Wangari Maathai，1940~），肯尼亚的社会活动家，2004年诺贝尔和平奖得主。是绿带运动和非洲减债运动联盟的发起人。

第12章 日本精神

摄影：荒木经惟

阪神淡路大地震

1995年1月17日，7.2级的大地震袭击了淡路岛到阪神一带。我当天因公出差远赴伦敦，看CNN的新闻报道得知地震的消息，急忙取消了之后的安排。第二天回日本，1月19日从大阪天保山搭小型渡船到神户的美利坚码头，一边惊愕于严重倒塌的码头基石，以及外国人旧居留地的建筑物倾倒的惨状，一边穿过瓦砾堆一直走到三宫。

熟悉的街景，全然化为废墟——当时的冲击，令我终生难忘。身为建筑行业的一分子，觉得“自己完全束手无策”，对自我的愤怒和强烈的无力感侵袭着我。

灾后的几个月里，我停止了事务所的一切工作，时而一人、时而与事务所的同事们一同到灾区四处察看。一来要用自己的眼睛一栋栋确认灾区建筑物的损毁状况，而最重要的是想要将这凄惨的景象深深烙印在心里。重建工程大概要花十年以上吧！为了让自己的能量延续，就必须记得这悲惨的现实。

自己能为因地震而受到重创的神户地区做些什么？在无人委托的情况下，我开始了重建住宅的规划构想。同时，我展开了“兵库绿色网络”运动，怀着安慰死者亡魂的心情，让居民亲手在灾区种下会开白花的白木莲、日本辛夷、四照花等树苗。

阪神淡路大地震，神户的长田地区
摄影：黑住周作

阪神淡路大地震后，
我在灾区四处察看。
一来要用自己的眼睛，
一栋栋确认
灾区建筑物的损毁状况，
而最重要的是，
想要将这凄惨的景象
深深烙印在心里。

不可因急于重建，而不顾人们的心情——我为了十年后的神户，拼命奔走。

地震强烈地撼动了我的人生观——同时对实际进行着的工作也产生了很大的影响。当时正在淡路岛进行的“淡路岛梦舞台”计划，已经完成设计，即将开始动工，但建地就在震中附近，不只设计要重新检讨，就连项目本身都面临着无法进行下去的危机。

但是，比起“梦舞台”的前景，我对地震发生的四年前—— 1991年建造的另一栋建筑物更加挂心。那是一个在地面上设置水盘，将建筑物埋入其下的大胆结构，因为担心它在地震中被破坏而前往察看，所幸建筑物并未受到破坏。除此之外，听说水盘里的水还成了生活用水，对当地居民有所帮助，我才放了心。那栋建筑，属于真言宗御室派的本福寺“水御堂”——是我第一次设计的寺院建筑。

淡路岛莲池下的佛堂

“水御堂”建在能够俯瞰大阪湾的小山丘上，爬坡的那条小路便是通往它的路径。在充满绿意的山丘上等待人们的是，以混凝土墙为背景并铺满白沙的前庭。穿过墙边的入口，又出现另一面曲线和缓的弧形混凝土墙。除了蓝天和脚下的白沙，别无他物，被两面墙切出的这片留白，就是寺院的参道。

边走边惊讶于自己踩踏白沙的声音之大，走到墙壁的尽头处，视野豁然开朗，一座长轴四十米、短轴三十米的椭圆形莲池在眼前展开。在池子中央向下划开的阶梯，是通往佛堂的入口。

在与本福寺信徒代表——三洋电机的井植敏先生讨论设计工作时，我脑海里浮现的是年轻时在印度见过的，整个池面都被野生莲花覆满的莲池景象。

佛教认为莲花象征悟道成佛的释迦，那么能否不要和过去一样，盖那种用象征似的大屋顶来显示权威的建筑，而是建一座用莲池将众生的一切都包含其中的佛堂呢？能否不拘泥于形式，而是通过迂回的途径沉潜至莲池底下，用这种参拜佛堂的空间体验，来表达佛教的精神世界呢？

真言宗本福寺水御堂。在佛堂上方设置了莲花池

从莲池中央的阶梯进入佛堂（真言宗本福寺水御堂）
摄影：新建筑写真部

佛堂里，是涂成朱红的空间（真言宗本福寺水御堂）
摄影：新建筑写真部

我将莲池下的佛堂这个想法告诉了住持和信徒们，却遭到猛烈的反对："怎么可以在重要的佛堂上面铺水？……没有屋顶的寺庙简直无法想象！"

井植先生夹在信徒和建筑家中间，立场尴尬，在苦恼之余，他找了一位熟识的高僧商量，那位高僧便是当时已年过九旬、大德寺的立花大龟大僧正。没想到大僧正听完之后回答："进入佛教原点的莲池中这想法非常好，请务必实现。"他的一席话使情势逆转，项目马上就动了起来。

水御堂位于圆形的莲花池下方，宛如埋在山丘状的斜坡里，内部结构是在方形的空间里，利用清水混凝土墙面隔出一个圆形房间，里面用角柱与木格子屏风分割出内殿与外殿。

我赋予这地下空间的特征，是让内殿后面的大型木格子窗，准确面向正西的方位，格子涂上鲜艳的朱红色。当外部光线透过这层红色的滤网进入室内时，整个空间就被晕染上柔和的朱红。这一设计的目的在于在坐镇在此的佛像本尊背后，洒入来自西方的光芒，塑造出西方净土般的空间，亦即佛教所说的西方极乐世界的意象。

这个构想的原点，来自对以前看到的位于兵库县小野市净土宗净土堂的记忆。在大约八百年前，重源和尚在镰仓时代建造的播磨路古寺，强劲有力的外露结构，瞬间被落日的光辉染得一片通红。我想用现代建筑的手法，重现那如梦似幻的光景。

一般而言，佛教建筑都带着地缘性，也因此非常保守。设计时，比起“创意”，忠于传统的形式反而更受期待。

但与其拘泥于象征权威主义的大屋顶形式，或者去满足各宗派特有的繁文缛节，我认为更重要的是那里能否成为当地人眼中很特别的神圣之地，作为心灵的寄托，并成为永远传承下去的场所。人们能相聚一堂，感受彼此的存在——我觉得在有如广场般的寺院建筑中，才有我这非佛教徒参与其中的意义。

建筑的构想，虽然相当不容易被接受，也许是我成功传达了重视这座寺院的用心吧，住持和信众愿意做一个勇敢的决断。

完成至今已过了二十多个年头，经过大地震的考验依然矗立的水御堂，如今被四周成荫的树木所环抱。在这宁静的风景里，夏日的片刻，满池莲花的姹紫嫣红，为建筑灌注了生命力。

传统的精神

我兴建的建筑，特别容易被海外人士评价为有“日本味”。他们认为“光与影”的黑白世界，或者是空间里被称为“无”及“间”（物体与物体、事情与事情、空间乃至时间之间的间隔）的日本美学，暗藏在清水混凝土所刻画出来的简朴空间中。

但是，我本身并非刻意去表现“日本”的感觉。如果有，也是生长于关西，就近接触奈良、京都古建筑的过程中，耳濡目染的美感意识。而这些，借助混凝土和几何图形的特定手法，无意之间表露出来，在外国人的眼里，反而感受到更强烈的“日本味”。

在建造传统的寺院建筑时也一样，我从未特别意识到“日本”。本福寺的水御堂就是用混凝土建造的，但即使是去建造更接近传统的木造建筑时，我也是这样，不会刻意去表现“日本化”。

1992年在西班牙塞维利亚举行的万国博览会中，我想以日本木造文化响应欧洲的石造文化，于是以“世界最大规模的木造建筑物”为主题，盖出以二十五米高的雨淋板作外墙的木造场馆“万博会日本馆”。之后，为配合1994年的日本全国植树节，我延续了塞维利亚万国博览会的主旨，在兵库县建造了有如切入浓绿山谷的“木的殿堂”。还有在爱媛县西条市，改建从江户时代延续至今的净土宗真宗寺院，

1992年，塞维利亚举行的万国博览会日本政府馆
摄影：松冈满男

打造了浮在水池上光芒四射的新建佛堂“南岳山光明寺”……我迄今着手的木造建筑项目，都拥有与日本传统建筑相异的构造。

即使在改建正统木造寺院“南岳山光明寺”时，我所设计使用的材料全部是集成材，屋顶也是平的；细部工法上，也一概不用斗拱等装饰性元素或是传统图腾。因此，它是栋彻底的现代建筑。

虽说我不会被过去的形式所束缚，但是，我也绝不会否定传统建筑卓越的创造性，以及先人长期建立起来的丰富空间表现。

把零件一件一件组合起来塑造整体的结构美，让人抚触纹理之美的天然素材感，或是在夏季闷热的日本所特别采用的深长的屋檐雨遮，与庭园合为一体的凉爽建筑形态等，传统建筑的美感意识，我从年轻时一路不停地欣赏，如今已渗透全身。我所求的并非形式，而是要将空间的精髓，以自己的方法表现出来。

该如何回应传统事物？这恐怕是现代建筑普遍存在的一个话题。从20世纪60年代后半段起，所谓的后现代运动开始沸腾，对整齐划一的现代建筑表现进行批判，标榜“重拾建筑的多样性”。其中，对历史和传统的重现，成为后现代主义的主轴，在全盛期，经常出现直接引用历史性建筑形式的庸俗建筑，引发世间的骚动。

我对于无视地方传统及风土，一味追求经济性和机能性的建筑表现，也有强烈的反感。只有当地才可建造的建筑，借助建筑为地域的记忆作传承，一直是我工作中相当普遍的一个主题。

但是，像后现代主义那样，把对传统及地域性的重现，完全依赖于沿袭既有的“外形”，则当然无法引起我的共鸣。只是聚集了传统形态要素的建筑物，不可能表现出与过去的连接，以及对未来的展望。

就算日本人非常期待宗教建筑具有永久性，但传承并不能借助有形物体本身，而是要倚靠和追求其中表现的美感意识。例如，被称为日本建筑原点之一的伊势神宫，有式年迁宫[1]这种每二十年将神社拆

在兵库县绿树成荫的山间建造的木的殿堂
摄影：松冈满男

南岳山光明寺
摄影：松冈满男

迁后再按照原来样式重建的习俗，在全世界也罕见其例。渡过五十铃川，穿过大鸟居，踏着参道的碎石，渐而映入眼帘的风景，绝不是当初古代建造的那座神社。但是，身处苍郁的树林里，被白色碎石划出的神域，看见屋脊上的千木及坚鱼木时，我们的心中确实就像触碰了日本原点般，涌现深远而宁静的感动。

所谓传统，不是看得见的形体，而是支撑形体的精神。我认为，汲取这种精神并在现代活用，才是继承传统的真意，我以这个理念进行自己的建筑设计。

另一个日本文化

不仅限于建筑，只要探究日本文化的独特性，最终将会关注四面环海的岛国上丰富的自然。

在温和的气候孕育下，沿着山川伸展的和缓地形覆盖着春天的樱花、秋天的红叶、夏季的深绿、冬日的白雪等表情丰富的四季变化。感受不到外国的威胁，也没有石山或沙漠这种压迫人类的严酷自然环境……这种小规模而富有变化的环境，让日本人对环境的感觉敏锐，孕育着美丽、独有的生活文化，甚至让20世纪初造访日本的法国诗人保罗·克洛岱尔[2]将日本誉为“世界最美的国家”。

值得一提的是，那样的美感意识，在近代广泛地渗透到大众之中。如浮世绘、歌舞伎等传统艺术，在日本成为贴近民众的存在，人民审美水平之高，在当时的国际社会上也是非比寻常。

简约、洗练的表现方法成为日本文化的特征，常被拿来与雄伟而夸大的表现手法互相对照。举一个典型的例子，数寄屋的茶室及龙安寺的石庭所代表的是内向而严谨的美感世界，那是一种喜爱素材原有风貌，在朴素中洞察美感，融入自然的生活感性。

但是，如果仔细重新审视从古代到镰仓时代的日本建筑，就会发

平面比例为世界之最的仁德天皇陵
照片提供：大阪府立近飞鸟博物馆

现在这种“岛国的美学”根源之外，另一个日本文化的面貌。

90年代初，我在以日本古坟密集之地而广为人知的大阪府南河内郡，建造了以展示和研究古坟为目的的博物馆“近飞鸟博物馆”。在绿荫森林谷底的建地周边，散布着两百座以上的古坟，以前方后圆坟而闻名的仁德天皇陵也在其中。

进行设计的时候，我亲自到现场考察这四面环沟、草木覆盖，全长四百八十米的巨大陵墓。坟墓的高度与自然丘陵不相上下，但占地规模甚至凌驾于埃及金字塔以上，毫无疑问可以进入世界超大建筑物之列。

有趣的地方在于，从地面上人类视线无法辨认它的形状。飞机发明以后，现在能从空中来俯瞰，我们才能理解前方后圆坟的形状，而没有这些工具的古代日本人，究竟为何不惜花费巨大的精力，建造自己看不见全貌的遗迹呢?

据说建造之初的古坟，并非像今日草木丛生的样貌，因为在隆起的坟丘上铺满了石头。如果可以从当时河内平原的空中俯瞰，应该能够目睹在自然平原之中浮现出前方后圆的几何图形强劲而宏伟的景观吧！古代的人们，想象从空中俯视世界，花了数十年时间在大地上构筑出艺术作品——这是多么伟大的建筑故事啊！

也许是被这天皇陵寝唤起了想象力，我设计了用数十万块白色花岗岩铺盖出大阶梯屋顶的“近飞鸟博物馆”。

能传达雄伟气势的日本建筑不只有古坟。建设之初据说高达四十八米，简直高到超乎想象的木造建筑——岛根县出云大社，是日本建筑的另一个原点。还有像是与断崖挑战般建造的鸟取县三德山三佛寺的投入堂，拥有梦幻般水上伽蓝配置的安芸的宫岛严岛神社，充满跃动的二重螺旋斜塔，会津的海螺堂，包括出自重源和尚之手的东大寺等建筑，都能令人感受到人类勇敢坚定的想象力。

除了爱护自然、纤细的感性，还拥有身处自然之中，开疆辟土的创造力——在两种相反的个性集于一体，且相互抗衡的深沉中，我感受到日本文化的丰富个性。

近飞鸟博物馆的大阶梯屋顶。是数十万块白色花岗岩所铺盖而成的
摄影：野中昭夫

仰赖于自然独有的文化土壤，有时人心的强度会展现惊人的气魄，甚至能重现自然的伟大想象力，那是能昂首四海的日本人卓越的个性。

作为平成时代的大古墓而打造的，近飞鸟博物馆
摄影：松冈满男

新的日本力量——淡路梦舞台的再生

如今，信息技术和交通工具的进步，正使全球化更向前迈进。

过去民族、国家的框架逐渐模糊，转而看重民族的个性和自我认同，但日本在无法充分表现上述特质的同时，赖以为重的强大经济也已日过中天，似乎严重丧失活力。要如何在“经济大国”之外，创造出符合新时代的新面貌呢？

在此能展现意义的，是文化的力量——也就是扎根于自然的纤细又大胆的日本式感性。国土面积狭小、资源有限的日本所能仰赖的应只有文化的力量。

问题是这种日本式感性，在现今的日本社会中正逐渐丧失。

第二次世界大战后的半个世纪以来，追求富饶生活而拼命工作的日本人，虽然确实得到了物质上和经济上的丰厚回报，但已经完全遗忘对自然的崇敬、在事物之间的空白中发现其中的“间”的美学，以及遵守秩序等祖辈传承下来的日本情怀。我认为这就是现今的日本人自我认同薄弱的根本原因。

但是，日本人也并非全然忘记了原有的力量。那种精神，如今依

淡路梦舞台，建设前的基地，裸露着赤褐色的岩磐

然生息于人们心底深处——我在阪神淡路大地震后，神户的都市复兴过程中看到了证明。

地震刚结束时，每个人都觉得“这城市气数已尽了”，想要放弃。但是，兵库县官民团结一致的惊人奋斗精神，从基础设施的恢复到居住环境的重新整顿，将原本需要很多时间和精力进行的作业在短短数年间完成，让都市完全起死回生。而对于这伟大的表现，国际间将之评论为“史无前例的、惊人的都市重生”，给予很高的评价。在复兴过程中日本人表现出的出人意料的协调性、忍耐力和创造力——这爆发性的民众能量，就是日本人的实力。

当时的兵库县县长贝原俊民先生，以及在他强有力的领导之下团结一致的兵库县民众们，追求的目标是“创造式的复兴”，以悲剧作为基石，建构更好的都市未来。那种勇气和能量，也影响了位于震中央极近处的“淡路梦舞台”计划。当时虽然探明建地内存在断层，修正设计在所难免，却仍然做出了继续执行的英明决断。经过两年的调整，“淡路梦舞台”作为震灾重建纪念事业重新起步了。

全长一千米、面积达二十八公顷的广阔“梦舞台”建地，是过去提供大阪湾填海的沙石开采地。

将整座山几乎夷为平地后留下的是赤褐色裸露的岩床，悲惨的大地景象。“梦舞台”的构想，是以因为人类的开发行为而受到重创的大地复苏为主题，计划在搭造建筑之前，先从在周边的坡地上种下超过五十万株约十厘米高的树苗。

计划施行过程中，每次向人们介绍以自然恢复为主题的梦舞台时，我经常提起神户六甲山的小故事。六甲山也有“重生”的历史，在江户时代受到滥砍变为秃山，于明治之后经过人工绿化，才有今日丰沛的绿荫。既然明治时代的人们能有这番作为，现代的我们没理由办不到。

在这块借人为力量复原的绿色山坡地上，这个有如埋藏其中的建筑，也非夸耀自身的存在，而是如同顺应着自然宽广延展的地形，以回廊式庭园般，思考着如何尽量彰显自然的魅力。

与为建设而建设的传统开发项目相较，震灾复兴计划“淡路梦舞台”拥有的是截然不同的观点。

梦舞台开馆于2000年，已经过了十个年头。十厘米的树苗，长成了五米以上的高耸树木，完成之初有如建筑主题公园的设施，也巧妙地融入自然中。大概不用十年，森林便能包容这里的一切了。

仰赖于自然独有的文化土壤，有时人心的强度会展现惊人的气魄，甚至能重现自然的伟大想象力，那是能昂首四海的日本人卓越的个性。

日本人还有希望——现在，我努力投入的东京湾垃圾掩埋场，约八十八公顷的再生计划“海上森林”运动，也包含了向世界传达这种日本精神的意义。

对于日本还有日本人的未来，我充满期待。

绿意开始在“淡路梦舞台” 广阔的建地上“重生”
摄影：松冈满男

注释

1 在内宫正宫旁边有一块同样大小的空地，每隔二十年要按照原样重新建造新殿。同时还要将天照大神用了二十年的衣物等，也按照原样重新制作后纳入新殿。最后才从旧神殿中将天照大神的身体迁入新殿。这个仪式就叫式年迁宫。——编者注

2 保罗·克洛岱尔（Paul Claudel，1868~1955），法国重要的象征主义剧作家之一，也是一位诗人、记者与外交官。

终章 光与影

摄影：荒木经惟

超越六十年代的表演者

60年代末期，当世界各地对既有体制及文化提出“抗议”的意识高涨时，和平的日本，也爆发了空前的创造能量。这种文化性抵抗的巅峰就在前卫艺术的领域展开。在现代美术的领域有关西的具体美术协会，而在地下剧场有唐十郎率领的状况剧场以及寺山修司的天井栈敷，三者呈现出压倒性的存在感。

它们讽刺倾向物质主义的社会，以身体切切实实的诉求——“更自由的、更多活着的感觉”，试图挣脱过往僵化的艺术观念。

特别令人震撼的是在警察镇暴队的包围之下，仍然架着红帐篷不断进行游击式表演的唐十郎（新宿西口公园事件）。看着他们与社会对抗、贯彻自我而奋力挣扎的姿态，我与其他同时代的年轻人一样，产生强烈的共鸣，并从中找到了自己该走的路。

之后经过了二十余年，选择了建筑之路的我，与在60年代奔驰过的表演者交流，进而有幸一起共事。那就是1988年春天，如梦幻一般，在东京浅草出现的唐十郎移动剧场（下町唐座）计划。

下町唐座诞生的契机，是在1985年夏天，当时主办佐贺町展演空间（Sagacho Exhibit Space）的小池一子女士跟我商量：“你和一直

下町唐座。唐十郎的移动剧场
摄影：白鸟美雄

关注老街的唐先生，能不能在代表东京老街的台东区，玩出什么有趣的事？”我们谈论着在经济至上主义导致同质化的都市中，持续架起红帐篷作出抗争的状况剧场的存在，是多么重要。接着，我们志趣相投地认为：“既然说到复兴老街，没有比为唐十郎盖个戏棚更合适的了。”于是开始了这项计划。

首先为了寻找场地，我提出了几个方案。

第一方案，盖在上野不忍池的水面上。这么做除了台东区以外，还需要东京都相关单位的参与，所以没被接受。

第二方案，盖在浅草寺境内。我本来提议在开演的当天，熄掉街坊所有的电灯，只用火把指引去路，这也无法取得寺方的同意。

第三方案，我提议将剧场设于漂浮在隅田川上的木筏上，又因为河川法等法规问题而打消了念头。

几经波折，终于选定了隅田川河畔的空地。地址虽然确定了，重要的预算却没有着落。到最后，夏天开始的项目，到了同年秋天不得不暂告结束。

虽然如此，在参与者的心中，要为唐十郎建造新剧场的梦想，已经膨胀到了无法抑制的地步。在无法轻易放弃的心情下，继续四处奔走寻找赞助者。

就在1986年冬天，西武集团表示愿意伸出援手。他们的想法是，先做出该集团来年在仙台博览会中的展馆，展览结束后将之解体，搬到浅草再组合起来作为剧场。得到了这做梦也想不到的提议，项目再度启动。

我自从听到要为唐十郎设计剧场的那一瞬间，脑海里就浮现日本战国时代的城寨“乌城”，一种非现代、非日常的建筑空间，以及日本传统祭典美学中特有的，以黑与红为主色的非常鲜艳浓烈的搭配。

当初计划用黑色雨淋板做外墙，顶着红色的尖屋顶，做成直径四十米、高二十三米多的木造的城郭式建筑。将人们引入乌城，在入口处架起浮在空中的半圆形拱桥（太鼓桥）。但加上要从日本东北搬移到东京浅草的先决条件，“易于拆解、重组”便成为更重要的关键。

左思右想之后，灵光乍现，干脆就用施工钢管鹰架来做建筑的骨架。如此就变成单纯使用规格品的拆装作业，施工用不了一个月。而且施工鹰架随处可寻，便于租借，只要将组装方式说明清楚，理论上无论换到世界何处，都能再次重现。

除了建筑规划上的好处，我觉得工地的钢管鹰架这种通用的工业材料所有的质感，非常适合唐十郎的个性。这座有如游击队般出没在都市里的“下町唐座”，以到处可见的材料问世，却成为世界上独一无二的建筑。

1988年4月8日，开场的戏剧是《流浪的杰尼》。

其实开幕的前几天，针对剧场的内部装修，我跟唐十郎曾发生过一点小争执。唐十郎考虑到音响效果，想用黑幕将屋顶上外露的钢管结构遮起来。我觉得这样会“糟蹋了空间”而反对，被我的态度触怒了的唐十郎反击：“话说回来，这屋顶的红色跟红帐篷的红色也不一样啊！”正因为彼此都十分用心，而弄到互不相让，嫌隙还未化解就迎接了开幕。

用作工地脚架的铁管（下町唐座）

晚上七点过后，第一道聚光灯射向舞台。东京前一晚刚下过出乎人们意外的四月雪，当天的气温也非常低。在制造简朴的观众席，寒意从脚下直逼上来，令人不禁打寒战。

但就在这种严寒之中，唐十郎带领的舞团在舞台上特别设置的水池和水槽中展现了摆荡翻滚的气魄和演技。从演员身上窜起的蒸气，迸射的言语，舞台上燃烧着唐十郎自60年代从未改变过的，始终追逐前卫的慑人灵魂的火焰。

当壮观的最后一幕落下，观众们为谢幕的演员们致上毫无保留的掌声。接着，唐十郎从舞台上朝着坐在观众席后方的我直奔了过来。那是一同跨越重重障碍，实现梦想的朋友之间，难以忘怀的感动瞬间。

下町唐座。即将开演的当天
摄影：白鸟美雄

在下町唐座里展现了逼真演技
摄影：白鸟美雄

梦想实现前的严酷现实

为期一个月的隅田川河畔公演，在座无虚席的盛况中落幕。这项工作大致上可以算是成功了。

但是，关于移动剧场“下町唐座”之后又会重现于某个都市的梦想，最终没有实现。“下町唐座”的确是以“神出鬼没的移动剧场”为设计宗旨，但既然是一栋建筑，基本的建设需要消耗相当的工程经费和施工时间，也需要拥有技术熟练的师傅和建设公司的投入。而且要持续举办这种活动，更需要像在浅草公演时西武集团这样的赞助者。

但是，在泡沫经济正热的80年代后半段，一心想强化经济至上主义的日本社会，没有接受这种不符合经济效益的文化性挑战的勇气。最终，“下町唐座”在第二年夏天的另一次公演之后解体，唐十郎也在那前后解散了状况剧场，开展了新的活动。

建筑虽是表现艺术的一种，但其制作过程需要耗费庞大的资金和大量人力，是非常社会性的生产行为。其中存在着因为直接牵涉到经济而产生的利害关系，那是与表象完全不同层次的、一道混沌的现实藩篱，个人抱持的梦想，面对这种压倒性的力量会轻而易举地被粉碎。在这样的时代，“下町唐座”能够跨越许许多多的障碍，就算很短暂也仍然实现了梦想，可说是相当幸运。

实际上，我回顾以往的工作轨迹，除了实现的项目之外，还会想起始终无缘实现而只能在脑子里构思、在梦中建造的那些建筑点滴。

这些多半是我不想轻易与业主、社会、行政单位妥协，坚持贯彻一己构想的项目。就这层意义而言，那些没有实现的方案，有时候比实际盖成的建筑，更直率而明快地表现出我的理念。

我在2000年东京大学研究所举办的课堂上，以挑战建筑竞赛落选的项目为主题，取名叫作“没有兴建的计划”，将自己的想法告诉学生们。

“……在现实社会里，想要认真地追求理想，必然会跟社会冲突。恐怕大都不会如自己所愿，而过着连战连败的日子。尽管如此，仍然不断地挑战，就是作为建筑家的生存方式。只要不放弃地全力冲刺，总有一天会看到曙光。愿意相信这种可能性的强韧意志和忍耐力，就是建筑家最需要的资质……”

在课堂的最后，提到了我在大阪郊外盖的一栋小教堂的故事。

光之教堂。大阪府茨木市
摄影：新建筑写真部

极致的低造价建筑——光之教堂

正好在“下町唐座”要开始在东北仙台动工的1987年年初，一位就职于报社的朋友来找我，商量他常去的教堂的改建工程。

地点在大阪府北部茨木市，是离1970年万博会场不远的娴静住宅区一角。总楼板面积五十坪左右，是一个与小区紧密连接的小教堂建筑，但难题在于预算。

当时正逢现在称为泡沫经济的美好经济时代开端，在前所未有的建设热潮中，建材价格直飙上涨。虽说信徒们全心倾注地奉献，朋友对于资金的数字还是难以启口。

“就算我接了设计，会有施工单位愿意承包这种几乎无法期望利润的小项目吗？”

打从一开始，我就很清楚这是一项艰巨的工作，但最后还是接下了这座教堂建筑的设计委托。

最后理由只有一个：就算没有充裕的资金，但这里有真心希望教堂能够盖起来的业主，也就是信徒们。

对于建筑家而言，像教堂这种超越单纯的功能性，而其精神上的表现备受期待的建筑，是对自我思想层面上极为重大的挑战。

设计这座教堂时，我在神户已经设计过一座“六甲教堂”，另外在北海道的TOMAMU也正在进行“水之教堂”的设计工作。同样位于大自然的风景胜地之中，都是比较能够自由思考的建筑工作，我自信已在其中探究了所谓的“神圣的空间”。

但是，上述两者都是饭店附属的教堂，主要功能是作为婚礼会场，都不算真正的宗教建筑——亦即人们聚会、祷告的地方。

水之教堂。北海道TOMAMU

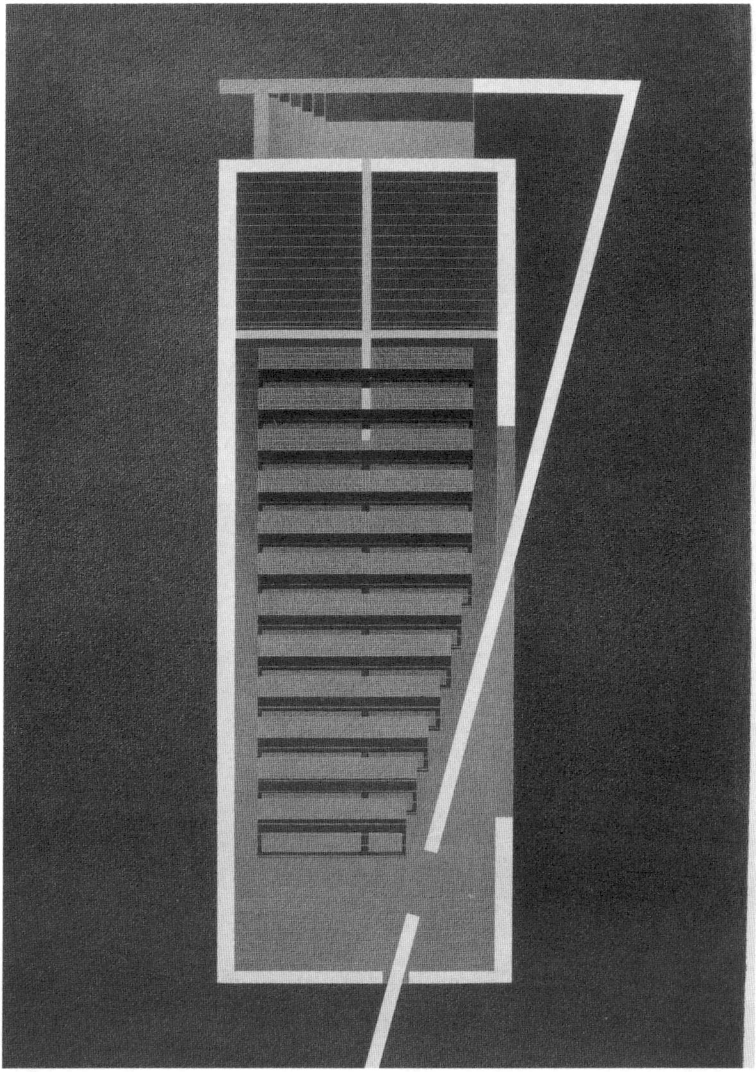

光之教堂，制图

过去到法国造访柯布西耶的朗香教堂，以及去芬兰造访海基与凯亚·西伦设计的奥塔涅米礼拜堂时，目睹人们在因建筑家的想象力萌生的空间里，同心祈祷的样子，心中深受感动。从那时起，我的内心就把创造出群众寄托心灵的教堂建筑，当成自己的一个“梦想”。如今虽然条件严苛，但伴随着信徒们强烈的信念，我在这个小教堂的设计案里，看见了“圆梦”的良机。

从得知这项工作开始，我就觉得用这点儿预算，只能盖出单纯的箱形建筑。但要如何从这个“箱子”里，创造出让人感到“别无他处”的神圣建筑空间呢？经过了大约一年的设计，最后出来的，是在宽高同为六米、进深十八米的混凝土箱子上，斜着插入一片墙壁的配置。内部地板从后方朝着正面的祭坛以阶梯状逐渐下降。出入口等主要的开口都集中于“箱子”和斜墙交错之处，刻意压低室内的亮度。在这稀薄暗影中，光线从正面墙上穿透的十字形窗外投射进来，浮现出光线构成的十字架。

在没有空调、四面都是清水混凝土的室内，只放着祭坛和长椅。因为我认为廉价且有粗糙质感的材料比较理想，就用了工地现场的施工脚架所用的杉木板来做。

之所以会如此彻底地紧缩物料，首先当然是因为不得不以降低成本作考虑，而另一个原因，则是我本来就对于极度简朴的禁欲生活，有一种下意识的憧憬。

我心中抱持的意象，就是中世纪欧洲的罗马式修道院。修道士们真的是消磨着自己的生命，将粗凿的石头堆叠成形打造出有如洞窟一般的教堂。在那种简朴之至的空间里，强烈的光从没有玻璃遮挡的开口直接射入，宁静地映照出地上石面的表情。

那种庄严而美丽的，直捣人心的空间，能否用混凝土箱子将它表现出来？“光之教堂”就是在这样的想法下诞生的。

用建造的荣誉感所造就的建筑

愿意接下如此艰巨工程的，是长年往来的一家小型建造商。老板是位非常喜欢盖东西、不太会赚钱、比我年长三岁的男子。

我们的经费不足，但正因为这样，更希望能够克服困难，做出让心灵非常丰裕的建筑。除了他们公司之外，再没有人愿意倾听这种强人所难的请求了。

好不容易请他们接下工程开工之后，我们花了许多时间来决定基础结构的形式，但也激发了源源不绝的创意。在简约的结构中，能选择的要素很有限。我们在预算和时间允许的范围内，再次彻底地探讨，找寻更好的选择。我激励工作人员："虽然施工开始了，设计工作还远没有结束。"

但是在没有设计经费，工程费也压到几乎贴近成本价的情况之下强行开工，照例遇到盖房子避免不了的"无法预期完工的问题"而产生额外的花费，成了如假包换的"赤字建筑案"。"目前的金额说不定只能砌起混凝土墙壁。"

当资金不足让项目无法继续之际，我提出了一个构想，既然预算不够，干脆就不架屋顶，以开天窗的状态，结束这项工程。

在工地现场跟工务店开会（光之教堂），在安藤先生左边的是工务店的老板一柳先生

教堂并非一般的建筑，而是让人们聚集与祈祷的场所。即使没有屋顶，雨天撑伞来做礼拜，对于心灵的沟通交流应该不构成任何的妨碍。几年之后，等钱存够了，再来加盖屋顶。在那之前，当作一间没有屋顶、晴空下的礼拜堂不也很好吗？不过，即使设计者有这些想法，结果还是盖了屋顶，建筑物也照着设计图上的模样完工了。

能完成这栋不符合经济行为的建筑，是因为有了身为业主的信徒们诚挚的信念，以及为了回应这信念而奋起的建造商的热情。

一路走来，施工方老板以身为建筑业者而自豪，无论处于何种经济状况，一旦接受了委托，就绝不会选择半途而废。即使看不到任何经济上的回馈，面临着艰苦的状况，他们也从不放弃，捆绑钢筋、架设模板，诚心诚意地投入，为了造出最棒的混凝土建筑而挥汗拼命。

从动工开始约一年后的1989年5月，“光之教堂”完成了。

光线照进来，在地板上显出十字架（光之教堂）
摄影：松冈满男

在光之教堂里献上祈祷的信徒们
摄影：新建筑写真部

信徒们的信念，以及工匠的荣誉感成就了光之教堂
摄影：新建筑写真部

光与影

人的“信念”有超越经济局限的力量。设计光之教堂时，我的事务所已发展了二十余年，周遭的环境也变化极大，不复当年事务所成立时的光景，“为何而做，为谁而做”我一直在自问，并深刻地省思着。

光之教堂落成九年后的1998年5月，在旁边开始进行为主日学而加盖的小厅堂工程。承袭了教堂的混凝土箱形结构和规模，用一种与教堂“对峙”的形式配置。不是单纯的加量增建，我以新旧之间形成的张力为主题，进行了设计。

预算照样吃紧，但这次负责施工的，并非当初建设光之教堂的建造商。实际上，在建造光之教堂的过程中老板发现自己身患重病，在教堂竣工一年后他去世了。随着他的辞世，建造商也撤下招牌，几名有志员工组织了新公司重新出发。他们对光之教堂有着深厚的感情，教堂的增建，他们很有意愿加入，但成立不久的新公司无力担负这种亏本生意……结果不得不放弃同一团队的施工。

如同“下町唐座”与“光之教堂”的建设过程，建筑的故事必然伴随光和影两种侧面。人生亦然。有光明的日子，背后就必然有艰苦、阴霾的日子。

一开始尽是不尽如人意的事情，
想尝试些什么，大多以失败告终。
尽管如此，我还是赌上仅存的可能性，
在阴影中一心前进，抓住一个机会，
就继续朝下一个目标迈进……
我的人生就是这样，
抓住微小的希望之光，拼命地活下去。

听过我靠自学成为建筑家的经历，有人以为那是条华丽的康庄大道，但那是完全误解了。在封闭保守的日本社会中，一个人毫无后盾，独自追逐成为建筑家的目标，不可能一帆风顺。一开始尽是不尽如人意的事情，想尝试些什么，大多以失败告终。

尽管如此，我还是赌上仅存的可能性，在阴影中一心前进，抓住一个机会，就继续朝下一个目标迈进……我的人生就是这样，抓住微小的希望之光，拼命地活下去。总是处于逆境中，在思考如何克服困难的过程中找到活路。

因此，要在我的人生经历中找到些什么，那不会是卓越的艺术资质，只有与生俱来的正面迎向严酷的现实，绝不放弃，要坚强地活下去的韧性。

要在人生中追求“光”，首先要彻底凝视眼前叫作“影”的艰苦现实，而为了要超越它，就必须鼓起勇气向前迈进。

在信息进步、管理高度规范化的现代社会中，人们似乎都被“每时每刻都要待在光芒照得到的地方”这种强迫意识束缚住了。

因为大人们的一厢情愿，孩子从小就被教导不要去看事物的阴暗面，只看光明面；一旦接触外界的现实，感觉自己进入了阴影之中，就放弃一切，撒手不管了。最近新闻越来越多地报道了这些心灵脆弱的孩子所发生的悲惨事件。

什么是人生的幸福？每个人都可以有不同的想法。

我认为，一个人真正的幸福并不是待在光明之中。从远处凝望光明，朝它奋力奔去，就在那拼命忘我的时间里，才有人生真正的充实。

光与影。那是我置身建筑的世界四十余年来，从中学习到的一点属于自己的人生观。

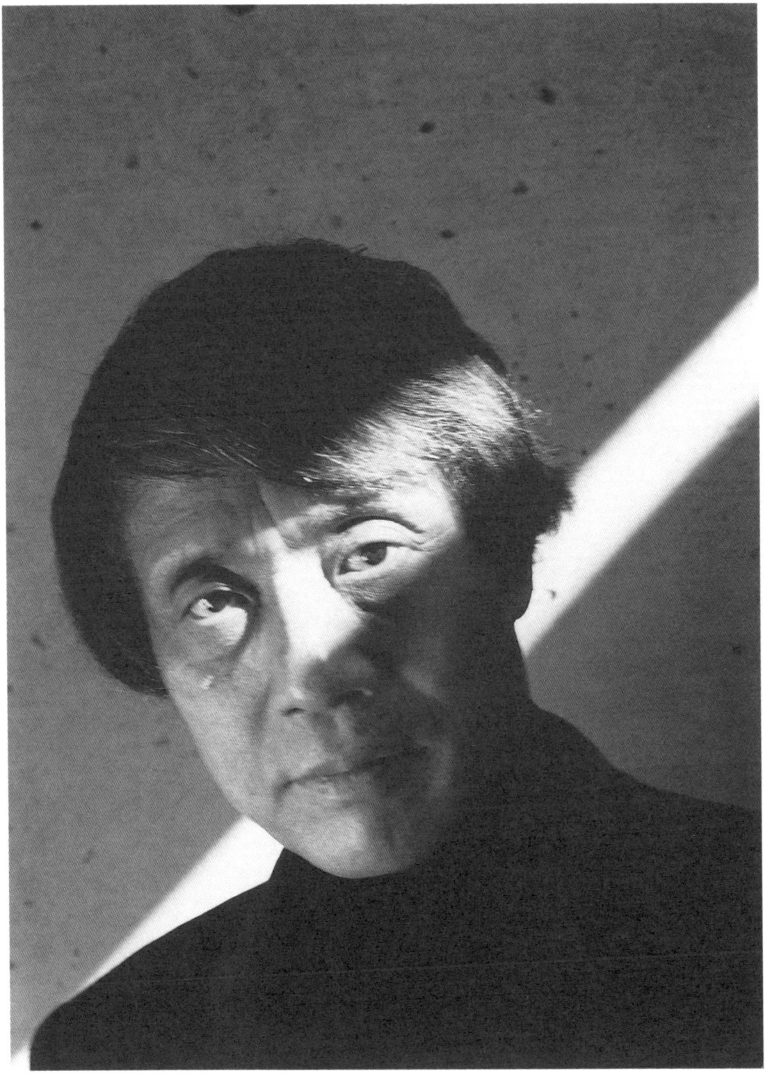

摄于光之教堂
摄影：荒木经惟

安藤忠雄 年表

1941年	生于日本大阪
1962~1969年	自学建筑
1969年	设立安藤忠雄建筑事务所

所获荣誉

1979年	以“住吉长屋”获日本建筑学会奖
1985年	芬兰建筑师协会第五届阿尔瓦·阿尔托奖
1989年	法国建筑学院建筑金奖
1993年	日本艺术学院奖
1995年	美国普利兹克奖
1996年	高松宫殿下纪念世界文化奖
2002年	美国建筑师协会金奖
	罗马大学荣誉博士
	同济大学荣誉教授
2003年	日本文化贡献者（建筑）
2005年	国际建筑师协会金奖
	法国国家荣誉军团骑士勋章

行业机构身份

1991年	美国建筑师协会荣誉会员
2002年	英国伦敦皇家艺术学院荣誉院士

学术职务

1987年	耶鲁大学客座教授
1988年	哥伦比亚大学客座教授
1990年	哈佛大学客座教授
1997年	东京大学教授

2003年	东京大学荣誉教授
2005年	东京大学特别荣誉教授
	加州伯克利大学讲座教授

代表作品

1983年	日本神户六甲集合住宅第一、二期（1993年）、第三期（1999年）
1989年	大阪府茨木市光之教堂
1992年	日本香川县直岛贝乐思之屋美术馆（直岛现代美术馆）
	贝乐思之屋巨蛋（1995年）
1994年	大阪府立近飞鸟历史博物馆
2000年	日本淡路岛淡路梦舞台
	日本爱媛县西条市光明寺
	意大利特雷维索FABRICA（班尼顿媒体研究发展中心）
2001年	美国密苏里州圣路易斯市普利兹克艺术基金会大楼
	意大利米兰亚曼尼剧场
	日本大阪府立狭山池博物馆
2002年	日本兵库县神户市兵库县立美术馆
	日本东京都上野国际儿童图书馆
	美国沃夫兹堡现代美术馆
2003年	日本兵库县神户4米×4米之家
2004年	日本香川县直岛地中美术馆
	德国兰根基金会/霍姆布洛伊美术馆
2006年	日本东京神宫前表参道之丘
	意大利威尼斯皮诺现代美术馆之葛拉西宫
2007年	日本东京赤阪21_21 Design Sight
	日本东京本乡东京大学环境情报学环福武堂
	日本东京涩谷东急东横线涩谷车站
2009年	意大利威尼斯古迹海关大楼

图书在版编目（CIP）数据

建筑家安藤忠雄：珍藏版 /（日）安藤忠雄著；龙国英译. -- 2 版. -- 北京：中信出版社，2020.5（2020.6重印）
ISBN 978-7-5217-1657-3

Ⅰ. ①建… Ⅱ. ①安… ②龙… Ⅲ. ①安藤忠雄－自传 Ⅳ. ①K833.136.16

中国版本图书馆CIP数据核字（2020）第036815号

建筑家安藤忠雄（珍藏版）

著　　者：[日]安藤忠雄
译　　者：龙国英
出版发行：中信出版集团股份有限公司
（北京市朝阳区惠新东街甲4号富盛大厦2座　邮编　100029）
承 印 者：北京雅昌艺术印刷有限公司

开　　本：880mm × 1230mm　1/32　　印　　张：13　　字　　数：145千字
版　　次：2020年5月第2版　　印　　次：2020年6月第2次印刷
京权图字：01-2009-7094　　广告经营许可证：京朝工商广字第8087号
书　　号：ISBN 978-7-5217-1657-3
定　　价：88.00元